직장인
퇴사
공부법

직장인 퇴사 공부법

박재현 지음

더시드
컴퍼니

직장인 위기관리,
퇴사 공부가 답이다

직장인이라면 누구나 입사를 하고 퇴사를 한다. 직장인이란 결국 입사하는 순간부터 퇴사를 향해 달리는 기차의 다른 이름일지도 모른다. 입사는 '행운의 운명'이고 퇴사는 '운명의 필연'인 것이다. 그런데 그 어렵다는 입사에 온 힘을 쏟은 나머지, 정작 입사 후에는 힘든 직장 생활에 치여서 나를 돌아볼 여유도, 언젠가 다가올 퇴사를 대비할 겨를도 없다. 그러다 문득, 내가 원하든 원치 않든 퇴사라는 문이 내 앞에 버티고 있는 것을 보게 된다. 이때 당신은 문을 등지고 모른 체할 것인가? 아니면 현재의 문을 닫고 퇴사라는 미래의 문을 열 것인가?

퇴사는 무한경쟁 시대를 살아가는 당신에게 생각하기조차 싫은 이름이겠지만, 현재의 틀을 깨고 새롭게 도전해볼 수 있는 출발선이 되어줄 수 있다. 우리가 살아가면서 만나는 인생의 전환점은 슬며시 운전대를 꺾어 방향을 달리하는 순간이 아니라, 달려온 시속 그대로에서 완전히 방향을 틀어 온몸이 휘청한 뒤 다시 그 속도에 몸을 싣는 순간이다. 이때 자세를 유지하고 사고를 방지하려면 안전띠를 단단히 매야 한다. 그래야 운전대가 다시 제자리로 돌아왔을 때 더 멋진 길을 달릴 수 있다. 나의 생명줄, 안전띠는 바로 철저한 퇴사 공부다.

"내가 하고 싶은 일을 하고 싶다."

퇴사를 하기 전까지 필자도 평범한 직장인의 삶을 살았다. 누구나 그렇듯이 항상 바쁘고 일은 많았다. 그 속에서 성취의 기쁨도 맛보고 힘든 시기를 보내면서 좌절도 느꼈다. 일은 내 전부였고 일이 내 삶의 중심이었으며 모든 것은 일로부터 시작되었다. 그러던 어느 날, 이게 정답일까 하는 의문이 들었다. 열심히는 살고 있지만 무언가 계속 빠져나가는 느낌을 무시할 수 없었다. 채우려고 노력은 하지만 채워지지 않는 그 느낌은 내 삶에 내가 없다는 데서 비롯된 것임을 깨달았다. 이후 나는 변하기로 마음먹었고, 직장인으로서의 종착점이자 변화의 출발점으로서 퇴사를 준비하기로 했다.

회사 생활을 하다 보면 울컥할 때가 한두 번이 아니다. 그럴 때마다 문서 파일에, 그리고 마음속에 사직서를 썼었다. 하지만 퇴사라는 것이 순간의 감정으로 선택하거나 무작정 결단할 수 있는 일이 아님을 우리는 잘 안다. 퇴사도 입사와 마찬가지로 끝이 아닌 새로운 시작이기 때문이다. 오랫동안 취업을 위해 힘든 시간을 이겨내고 입사를 했듯이, 퇴사도 내가 몸담은 조직에서의 시간을 마무리하고 내 역량을 키워 새로운 문을 열기 위한 시간과 준비가 필요하다.

퇴사 공부에는 무엇보다 시간이 필요하다. 생각으로만 품고 있던 것을 실천해보기로 하자. 보다 효율적으로 시간을 활용하고 그에 상응하는 효과를 얻기 위해 1년, 1천 시간을 투자하기로 하자. 직장인에게 1년은 짧지도 길지도 않은 시간이며, 1천 시간은 퇴사라는 목표에 맞춰서 계획대로 차근차근 준비하고 공부할 수 있는 최소한의 시간이자 최적의 시간이다. 더불어 1천 시간은 업무 외에 따로 만들어야 하는 것이 아니라 내가 내 업무를 하면서 공부할 수 있는 시간이며, 하루 3시간 이상을 확보할 수 있다면 1년 동안 만들 수 있는 시간이기도 하다.

지금 당신이 퇴사를 결정했거나 퇴사를 고려하고 있다면 반드시 퇴사를 공부해야 한다. 퇴사 이유는 저마다 다르겠지만, 그 이유를 놓치지 않고 1년간 공부에 전념한다면 당신이 원하는 퇴사를 원하는 때에 할 수 있을 것이다. 혹은 지금 당장은 퇴사할 생각이 없다 할지라도, 내일 당장이라도 퇴사할 수 있다는 마음가짐으로 직장 생활에 임한다면 당신의 생각이 바뀌고 태도가 바뀌어 당신이 원하는 회사에서의 브랜드와 위치를 얻을 수 있게 될 것이다.

1년의 퇴사 공부! 이제 모든 선택과 결정은 당신에게 달렸다. 출근길 라디오에서 흘러나오는 "여러분! 하고 싶은 일 하고 사세요!"라는 클로징 멘트를 흘려듣지 않고 내 것으로 만들겠다는 용기를 내보자. 용기도 선택이며, 그 선택은 당신에게 성공적인 퇴사와 만족스런 회사 생활을 보장해줄 것이다. 당신이 꿈꾸는 인생을 현실로 만들고 싶다면 오늘부터 퇴사를 공부하자. 직장인들이여, 살아남기 위해서가 아닌 또 다른 시작을 위해 퇴사를 공부하자.

박재현

추천사

인생을 살면서 공감을 얻는 책을 만난다는 건 큰 행운이다. 그리고 그 책을 만나게 되는 순간이 변화가 필요한 바로 그 순간이라면 더욱더 그렇다. 나 역시 3번의 퇴사를 경험하고 지금에 와 있다. 직장인이라면 누구나 한 번 이상은 퇴사를 경험하게 되지만, 자신과는 거리가 먼 남의 이야기 정도로만 치부해버리는 경우가 많은 듯하다. 이 책을 만나게 된 건 나에게도 큰 행운이다. 《직장인 퇴사 공부법》이 큰 울림으로 다가오는 건 나 역시 또 언젠가는 퇴사를 맞이해야 하기 때문이다.

— 임훈(후지필름일렉트로닉이미징코리아 부사장)

직장인! 눈을 뜨고 있는 시간의 대부분을 아주 완곡한 표현으로 '나의 주인이 내가 아닌 삶을 살아가는 신분'이라고 말할 수 있을 것이다. 많은 직장인이 그 사실을 알고 있지만 인정하고 싶어 하지 않는다. 아니, 인정하지 않는다. 직장에서 나의 의지와 신념을 토대로 일하며 성취감을 즐기고, 채워지지 않는 정신적 갈증은 퇴근 후 또는 휴일에 해소하면 그것으로 충분하다고 스스로를 세뇌시킨다. 이러한 자기최면을 확실하게 벗어던지고 싶다면 이 책으로 시작하라! 현재의 직장 생활에 즐겁게 충실히 임할 수 있고, 이로 인해 고용인의 넘치는 신뢰라는 덤을 받을 수 있으며, 무엇보다도 퇴사 후의 길이 확실하게 열릴 것이다.

– 인치각 (펠코리아 대표이사)

직장인으로 살아가면서 퇴사를 꿈꾸고 계획하는 것은 매우 당연한데도 현실에 안주하여 퇴사 공부를 외면하고 있는 이들이 있다면 지금이라도 이 책을 읽어볼 것을 추천하고 싶다. 《직장인 퇴사 공부법》은 퇴사 공부를 시작해야 하는 시점이 미래가 아니라 현재라는 사실을 깨닫게 해주고, 퇴사를 꿈꾸는 이들에게 더할 나위 없는 길잡이가 되어줄 것이다.

– 최종한 (씨엘바이오 마케팅 이사)

오늘날 모든 직장인의 등 뒤에는 명예퇴직 또는 희망퇴직이라는 단어가 유령처럼 맴돌고 있으며, 그 유령이 언제 나를 덮칠지 모른다는 불안함 속에 하루하루를 살아가고 있다. 이 책은 언젠가 닥쳐올 퇴사에 미리 대비하도록 도와줌으로써, 현재의 직장 생활에 더욱 충실히 임하는 동시에 불확실한 미래를 차근차근 준비할 수 있는 계기를 마련해줄 것이다.

– 나종필(KB국민카드 팀장)

고백하건대, 한 조직의 수장으로서 퇴사에 관한 책의 추천사를 쓰는 것이 과연 맞는 일인가 싶어 잠시 망설였다. 그러나 원고를 읽어본 후 이 책이 직장인의 자기계발서로 손색이 없다는 확신이 들었다. 나 또한 40대에 접어들면서 수없이 퇴사에 대한 고민을 해왔기에 깊이 공감할 수 있었다. 어쩌면 나도 퇴사에 대한 준비와 고민이 부족하여 지금까지도 퇴사를, 아니 솔직하게는 해고를 걱정하고 있는지도 모르겠다. 이 책에는 내가 평소에 생각했던 내용도 있지만, 대부분 미처 생각하지 못했던 내용들이 일목요연하게 정리되어 있다. 많은 사람들이 좋은 책을 찾아 읽지만 정작 그대로 행동하지는 못한다. 이 책이 퇴사를 고민하고 있는 많은 직장인들에게 자기계발을 위한 행동지침서가 되고, 결정의 순간 망설이지 않고 실행에 옮겨 성공적인 인생 2막을 시작할 수 있는 가이드가 될 것이라 믿는다.

-박남신(KMW 통신연구소 부소장 전무이사)

금융기관에 21년간 몸담고 있는 동안에는 단 한 번도 퇴사라는 단어를 생각해본 적이 없었다. 물론 현재의 게임 회사로 옮기면서 그동안 접해보지 않았던 다른 분야의 일이라는 점에서 약간은 걱정이 되었으나 내가 스스로 정한 길이었기에 두렵지 않았다. 무엇보다 직장 생활의 연속이었기에 지금의 회사에서도 성실히 내 일을 하고 있다. 내가 그랬듯이 대부분의 직장인이 직장 생활 이후의 삶은 별로 생각하지 않을 것이다. 그러나 현재에 충실하되, 이 책을 통해 퇴사/은퇴 이후를 한번쯤 생각해보았으면 한다. 이 책은 퇴사 이후 어떻게 살아가야 할지와 어떻게 준비해야 할지에 대한 해답의 실마리를 제공해줄 것이다.

- 박정준(에임하이글로벌 경영지원 CFO 상무이사)

스스로 변화하려고 노력하지 않으면 학창 시절처럼 자동적으로 학년이 올라가고 새로운 친구를 만나게 되는 식의, 외부에서 주어주는 변화는 더 이상 직장인에게는 없다. 누군가의 아빠, 엄마로 자식을 양육하고 앞으로 남아 있는 긴 삶을 만족스럽게 살아가기 위해서는 준비할 수 있을 때 변화를 준비해야 한다. 평생직장이 사라진 이 시대의 직장인들에게 이 책은 능동적으로 변화를 맞이하기 위한 좋은 길잡이가 되어줄 것이다.

– 이계경(아카마이코리아 이사)

'퇴사'를 주제로 후배들과 대화를 나눠보면 대부분 충동적이거나 막연하고, 답답한 현실에 대한 하소연 수준인 경우가 많다. 그리고 대부분은 어차피 답이 없는 고민이라며 현재의 생활에 안주한다. 이 책은 머릿속으로만 퇴사를 생각하는 많은 직장인들에게 장기적 관점에서 방향을 설정하는 데 많은 도움을 줄 것이다. 퇴사가 끝이 아니라 준비된 시작이라는 동기부여에 도움이 되기를 바란다.

– 오상규(현대오토에버 대외사업팀 차장)

40대. 직장인. 두 단어가 포함된 꼬리표를 가진 사람들이라면 피해갈 수 없는 '퇴사의 고민.' 이 책에서 그 해답을 발견할 수 있을 거라는 희망이 솟는다.

　　　　　　　　　　　　　　　　- 정선욱(KTIS 고객인사이트팀 팀장)

직장인이여, 꿈을 내 멋대로 그려보라. 그리고 지금을 돌아보라. '잘못 왔나?'라는 의심과 두려움이 고개를 들 때마다 꿈을 상상해보라. 꿈은 매 순간순간 내 삶 속에서 지금을 고민하게 하고, 새로운 도전에 용기를 주고, 가슴을 설레게 한다. 이 책은 직장인들에게 꿈을 그려보고, 새로운 삶에 도전할 수 있는 용기를 주는 인도자와도 같다.

　　　　　　　　　　　　　　　　　　　- 김근중(에스케어 대표이사)

차례

퇴사는 미래가 아니라 현재다.

지금 이 순간에 얼마나 충실히 퇴사를 공부하느냐에 따라

당신의 미래가 바뀐다.

늘 내 옆에서 함께 기뻐하고 함께 슬퍼하던 나의 동료와 후배가

어느 순간부터 나의 경쟁자로, 나의 상사로 입장이 바뀔 때,

잠시 멈춰 서서 한발 물러나 현실을 바라봐야 한다.

그리고 그 어느 때보다도 냉정하게 나 자신을 돌아봐야 한다.

지금 이 순간, 바로 퇴사를 준비해야 할 때다.

1

퇴사의 순간은
반드시 온다

1
동기가 원수,
후배가 상사 되는 순간

"얘기 들었어? 아마 자네 동기지? 김 대리 말이야. 이번에 과장으로 승진했던데? 인사 발령이 아침 일찍 났더라고……."

복도에서 만난 옆 부서 이 과장. 다소 까다롭고 살갑지 않은 성격이라 평소에 서먹서먹하던 상사인데 웬일로 나에게 먼저 말을 걸어왔다.

"아, 그래요? 아직 모르고 있었습니다. 축하해줘야겠네요!"

여러 동기들의 축하 속에서 눈이 마주친 김 대리, 아니 김 과장. 축하 인사를 주고받는 말 속에 은근히 뼈가 있다. 뭐지? 악수하는 손에

퇴사의 순간은 반드시 온다

도 힘이 꽤나 들어가는 것이, 평소 '데드 피시(Dead Fish)*'라고 주의를 받던 모습과는 딴판이다. 승진이 좋기는 한가 보다. 하긴, 동기들 중에서 빠르게 승진한 편이긴 하다. 그런데 동기들이 하나둘 승진할 때마다 어딘지 모르게 기운이 빠지는 건 왜일까?

열 길 물속은 알아도 한 길 사람 속은 모른다고 했던가. 사람이 변하는 건 한순간이라고 하더니 김 과장이 그랬다. 이런저런 업무로 협업이라도 할라치면 많은 사람들 앞에서 목청을 높이며 부하 직원에게 일방적으로 지시를 내리거나 힐난하고, 한편으로는 상사의 비위를 맞춰가면서 일하는 꼴이 영 좋아 보이지 않았다. 사람들 말로는 줄을 잘 섰다고 하는데, 그런 건 별로 관심 없다. 하지만 일하기가 예전만큼 쉽지 않은 건 사실이다.

동기 사이임을 감안해달라는 것이 아니다. 당연히 공과 사는 구분해야 하지만, 그렇게까지 내가 그를 몰랐던 것인가? 아니면 내가 너무 무심했나? 요즘은 회사에서 되도록 마주치지 않으려 피해 다니고 있는 나를 본다. 이게 뭔 짓인가 싶을 때도 있지만, 암만해도 내가 알던 그 동기가 아니다. 나도 줄을 서야 하나? 저 경쟁 대열에 합류해야 하나? 무슨 부귀영화를 누리겠다고……. 하지만 이건 순전히 내 생각일 뿐, 세상은 내 뜻대로 돌아가고 있지 않다. 그렇다면 나도 어떤 식

---

* 죽은 물고기를 잡은 느낌처럼 힘이 없어 흐느적거리는 악수. 서양에서는 악수를 할 때 전혀 힘을 주지 않는 것은 대단한 실례다.

으로든 적응을 해야 하지 않을까?

수영을 빨리 배우는 방법은 주저하지 말고 물속에 풍덩 뛰어드는 것이다. 처음에는 무엇보다도 물에 대한 공포감을 빨리 없애는 것이 관건이다. 하지만 어느 정도 시간이 지나면 구명 튜브도 인명 구조요원도 굳이 필요하지 않다. 이제 너 혼자 해봐! 사람마다 조금씩 차이는 있지만, 수영을 배우듯이 일도 그렇게 배워나가면서 스스로 할 수 있게 된다.

박 대리는 일을 빨리 배웠다. 처음엔 아무것도 몰라서 그저 열심히 뛰어다니기만 할 뿐 하나부터 열까지 꼼꼼하게 다 챙겨주어야 했다. 그러나 하나를 알려주면 열은 아니지만 두셋은 알아듣는 똑똑한 친구다. 일처리도 빠르고 깔끔하며 성실하기까지 하다. 그러면서 슬슬 일을 가져가기 시작했다. 아니, 일을 하나둘 던져주기 시작했다.

"그래, 이건 박 대리가 한번 맡아서 해봐. 모르면 언제든 물어보고. 그 대신 보고는 수시로 해줘. 꼭 형식을 갖출 필요는 없으니까 구두로라도 자주 보고해줘. 알았지?"

그러면서 내 일도 편해졌다. 솔직히 크게 머리 쓸 일은 아닌데 손은 많이 가고, 내 시간을 쓰기엔 부담스러운 업무들도 넘쳐난다. 게다가 미안하긴 하지만 내심 하기 싫은 업무도 많지 않은가. 위에서 떨어지는 대로 알아서 분배하기도 했지만 무엇보다 내 업무를 먼저 챙기기도 했다.

"그 녀석 말이야, 아주 독이 올랐어!"

같이 일하는 동료가 어이없다는 듯이 말한다. 박 대리 이야기다. 그가 일 잘한다는 것은 누구나 다 인정했지만 어느덧 우리를 넘어서고 있었다. 박 대리는 상사들의 인정을 받았고, 우리는 그때부터 슬슬 비교되기 시작했다. 지금 상황으로 봐선 조만간 내 위로 올라올 것 같다. 사석에서와 달리 박 대리 얼굴엔 어느덧 상사와 같은 예리함과 근엄함이 자리를 잡았다. 그 옛날 모습은 다 어디로 간 거야? 이렇게 감성에 젖어 있을 때가 아니지. 여하튼 내가 호랑이를 키웠구나, 호랑이를…….

입사 후 정말 열심히 일을 했는데 막상 돌아보니 아무것도 한 것이 없는 것 같다. 시키는 일이라면 무엇이든 몸과 마음을 다해 성심껏 임했다. 힘들다고 불만을 품기보다는 하나라도 빨리 배워서 내 업무를 만들고 내 역할을 다해서 회사의 일원으로 인정받고 싶었다.

그런데 지금 주변에서 일어나는 일들은 생경하기만 하다. 동기들은 하나둘 승진을 해서 자리를 다져나가고 있고, 새까맣게만 보이던 후배는 어느덧 훌쩍 커서 등 뒤에서 내 정수리를 내려다보고 있다. 죽어라 달려왔건만 어쩐지 나만 뒤처지는 것 같다. 아니, 이미 뒤처지고 있다.

"아…… 오늘은 정~말 출근하기 싫더라."

"요즘 회사가 너무 재미없어."

"그냥 확 반차 내고 놀러 갈까?"

"주말은 언제 오나……."

"하루 종일 찌뿌둥하고 기운이 없네."

"아직 3시밖에 안 됐어?"

혹시 이런 이야기들로 동료들과 맞장구치며 쉬는 시간을 보내고 있지는 않은가? 물론 잠시나마 서로 마음을 터놓고 위안을 주고받으면 약간의 리프레시 효과가 있긴 하다. 하지만 그뿐이다. 별 소득도 없이 신세한탄만 하다가 처진 어깨로 뿔뿔이 흩어져 각자의 자리로 돌아가 앉는다.

불안하다. 과거는 떠올려봐야 후회일 뿐, 작금의 상황과 앞으로가 더 걱정이다. 나는 어디쯤 와 있는가? 나는 지금 어디에 서 있는가? 이렇게 계속해도 될까? 이 길이 맞기는 한가? 내가 꿈꿔온 미래는 어디 있지? 내 뜻과는 별개로 다른 사람과 주위 환경에 휘둘리고 있지는 않은가? 어디서부터, 무엇이 잘못된 걸까?

한 가지 분명한 것은 현재까지 당신은 잘해왔다는 것이다. 정말 고되고 힘든 길을 꿋꿋하게 잘 걸어왔다. 그러니 제일 먼저 자기 자신에게 따스한 칭찬 한마디를 건네자. "누가 뭐래도 난 잘해왔어!" 그리고 잠시 잊었던 지도를 다시 꺼내들자. 내 현재 위치와 내가 가야 할 곳을 지도에서 확인해보자. 늘 내 옆에서 함께 기뻐하고 함께 슬퍼하던 나의 동료와 후배가 어느 순간부터 나의 경쟁자로, 나의 상사로 입장이 바뀔 때, 잠시 멈춰 서서 한발 물러나 현실을 바라봐야 한다. 그리고 그 어느 때보다도 냉정하게 나 자신을 돌아봐야 한다. 지금 이 순간, 바로 퇴사를 준비해야 할 때다.

2

떠나기 전에
가방을 싸라

6시! 퇴근 시각이다. 얼른 자리를 박차고 나가고 싶지만 아무도 일어설 기미가 보이지 않는다. 오늘 내 할 일은 다 끝냈고 친구들과 저녁 약속이 잡혀 있다. 지금 나가야 약속 시간에 맞출 수 있다. 엉덩이를 들썩이며 눈치만 보고 있는데, 마침 이때를 기다렸다는 듯 일감이 후드득 떨어진다.

"어~ 미안한데, 내일 출근하면 바로 볼 수 있게 준비해서 내 책상 위에 올려놔줘!"

대답할 겨를도 없이 다른 회의가 있다고 쌩하니 나가버리는 상사의 뒷모습. 아…… 이제부터가 진짜 업무의 시작이다.

직장인 대부분이 일이 너무 많다. 끊임없이 이어지는 업무에 마침표를 찍지 못한 채 일이 점점 늘어나고 쌓여간다. 혼자 하는 일이 아니다 보니 내가 아무리 잘 마무리해도 기다리고 맞춰보고 다시 작업하기 일쑤다. 출근해서 대부분의 시간을 회의에 보내고, 이제 내 일 좀 해야지 하고 앉으면 퇴근 시각이 훌쩍 지나 있다. 이쯤 되면 어차피 늦게 할 퇴근이라는 생각에 몸도 마음도 지친다. 일도 느슨해지는 건 어쩔 수 없다. 일이 모든 것을 앗아가고 있다.

이른 시간에 출근하고 정시 퇴근은 눈치 보이며 야근은 해야 '일 좀' 하는 것이 되어버린 우리네 기업 문화. 최근 들어 각계의 자성과 노력으로 '금요일 4시 퇴근', '주 1일 재택근무' 같은 제도를 시행하며 조금씩 개선되어가고 있다지만, 그것도 몇몇 대기업이나 관공서에나 해당될 뿐 아직 피부에 와 닿지 않는 먼 나라 이야기다. 이쯤 되면 벌써 선진국 대열에 들어서야 할 것 같은데, 언제부턴가 목표는 달성되지 않고 헛바퀴만 도는 느낌이다.

2016년은 대한민국이 OECD에 가입한 지 20주년이 되는 뜻깊은 해였지만, 지난 20년의 기록들은 우리 삶이 여전히 퍽퍽하다는 것을 여실히 보여준다. 금방 올 것 같던 국민소득 3만 달러 시대는 아직도 요원하고, 흔히 이야기하는 잠재 성장은 정체되다 못해 굳어버렸으며, 가계 부채는 하늘 높은 줄 모르고 치솟는다. 고령화 사회는 너무나 빠르게 다가오고, 성장만 바라보기에는 삶의 질이나 일과 삶의 균

형도 아슬아슬한 수준이다. 그리고…… 이 가운데 내가 해당되지 않는 것이 단 하나도 없다.

바쁜 직장 생활은 몸과 마음의 여유를 앗아간다. 나를 돌아볼 시간 따위 허락하지 않는다. 옆에 앉은 동료와 살갑게 이야기 나눠본 지도 오래다. 오죽하면 바로 앞에 앉은 동료와도 메신저로 대화를 할까. 어딜 나가야 돈을 쓸 텐데, 돈 쓸 시간도 없으니 오히려 고마워해야 한다며 자조적인 농담을 주고받기도 한다. 내 취미가 무엇이었는지도 가물가물하다. 평일은 야근하느라, 주말은 잠자느라 대부분의 시간을 보낸다. 일 때문에 주말도 반납해야 하는 경우가 다반사여서 '월화수목금금금'이 남이 이야기가 아니다. 나는 이런데 주말에 여기저기 놀러 다니는 친구를 보면 부럽다 못해 얄미울 지경이다. 저 녀석은 도대체 뭐지? 하지만 이런 생활 속에서는 그 이유를, 그 차이를 생각조차 하기 어렵다. 그래서 생각이 없어진다. 프랑스의 시인이자 사상가인 폴 발레리가 이런 말을 했다.

"생각대로 살지 않으면 사는 대로 생각하게 된다."

대부분의 직장인들은 바쁜 업무에 내몰려서 자기 생각 없이 그날그날을 살아가는 데 익숙해 있다. 하지만 바로 그들이 자기 자리에서 묵묵히 맡은 바 업무에 충실하며 열심히 살고 있는 대한민국의 허리라는 것 또한 엄연한 사실이다. 특히 30~40대 직장인들은 더욱 그렇다. 신입 사원의 뚝심과 열정 하나로 10여 년을 훌쩍 넘겼고, 다시 한 번 마음을 다잡고 열심히 일을 하다 보니 또다시 10여 년이 훌쩍 지나가버린 지금. 나보다는 가족을 먼저 생각했고, 회사가 내 삶의 최우선순위였다.

그러다 문득 '그래, 이젠 나를 위해 뭔가 좀 해봐야 하지 않을까?'라는 생각에 이곳저곳으로 눈을 돌려보지만 만만한 것은 하나도 없다. 딱히 모아둔 돈이 있는 것도 아니고 특별한 기술도 없다. 그렇다면 좀 더 있다가, 준비된 다음에 해보자라며 일단 뒤로 물러선다.

"내가 지금은 사는 대로 생각하는 것 같지만 속으로는 생각 많이 하고 있거든! 이제 곧 생각하는 대로 살 거란 말이지!"

이렇게 마음먹고 호기롭게 외쳐보지만 행동은 쉽게 따라주지 않는다. 뭘 좀 해보려니 모든 것이 핑곗거리가 되고, 사소한 것 하나에도 두려움이 불쑥 밀려온다. 그러다 어느새 다시 내 자리로 돌아온다. 지금 여기가 좋고 편안하다. "회사가 전쟁터 같지? 바깥은 지옥이야"라는 〈미생〉의 명대사도 있지 않던가.

'밖은 추워.'

실은, 변화가 두려운 것이다.

그렇게 시간은 또 흘러간다. 그러다 문득, 마주하게 되는 '퇴사'. 직장에 몸담은 이상 반드시 만나게 되는 반갑지 않은 단어다. 정년퇴직이 보장되지 않는 사회에서 우리 모두는 이미 퇴사의 타깃이다. 퇴사의 순간은 내가 좋든 싫든, 원하든 원치 않든 언젠가는 분명 마주치게 되어 있다. 나이나 직급과 상관없이 말이다.

2016년 9월, 한 방송사의 〈요즘 젊은 것들의 사표〉라는 다큐멘터리가 방영 직후 직장인들 사이에 큰 파장을 일으켰다. 소위 '먹고사니즘'보다 개인의 행복을 더 중요하게 생각하는 요즘 젊은 직장인들의 멘털에 대한 고찰. 단순히 세대 차이 정도로 치부해버리기에는 그 이면을 관통하는, 직장인이라면 누구나 겪어봤을 보편적인 고민이 묻어 나온다.

그러나 100퍼센트 자발적인 퇴사라고 해도 준비되지 않은 퇴사는 위험하다. 입사는 몇 년씩 치밀하게 준비하면서도 정작 퇴사는 감정적이고 즉흥적이기 쉽다. '가슴에 품은 사표'는 함부로 던지면 안 된다. 여행에도 계획과 준비가 필요한 법. 가슴에 사표를 품었다면 그 순간부터 여유를 가지고 철저히 준비해서 행복한 퇴사를 계획해야 한다. 여유가 없다면 여유를 만들자. 한번 바쁘다는 핑계를 대기 시작하면 끝도 없이 이어지고, 나중에는 그 핑계를 언덕 삼아 주저앉게 된다. 쉽진 않겠지만 한번은 딛고 넘어가야 한다. 이 모든

퇴사의 순간은 반드시 온다

것은 나로부터 시작한다. 언제까지 승진하는 동료를 축하해주고 창업하는 친구를 부러워만 할 것인가?

3

회사의 규모가
당신을 대변해주진 않는다

업무를 하다 보면 회사 안팎으로 많은 사람들을 만난다. 첫인사를 하고 자연스럽게 주고받는 명함. 짧게 이뤄지는 눈빛 교환과 인사로 상대방이 어떤 사람인지 빠르게 스케치한다. 명함을 잘 보이게 두고는 형식적인 인사치레로 아이스브레이킹(Icebreaking) 시간을 갖는다. 받은 명함을 다시 한 번 자세히 들여다본다. 명함 위에 자리 잡은 회사 로고가 먼저 눈에 띈다. 여기서부터 '갑'과 '을'의 관계가 시작된다. 회사 규모가 클수록 상대가 은근슬쩍 알아주기를, 알아서 대해주기를 바라는 마음이 생기게 마련이다.

굳이 티를 안 내도, 입 밖으로 이야기를 꺼내지 않아도 다 안다. 우리나라에서 그 회사를 모르면 간첩이다. 국내뿐만 아니라 해외에서도 인지도가 높고, 하루가 멀다 하고 언론에 회자된다. 인력이나 규모가 큰 것은 물론이고, 그 회사의 기업 문화는 타 회사에게 벤치마킹의 대상이자 컨설팅의 주요 사안 중 하나가 되기도 한다.

그러나 회사를 움직이는 주체는 간판이나 건물이 아니라 그 회사를 떠받치고 있는 구성원 한 명 한 명이다. 모든 구성원은 그가 누구를 만나든 각자 자신의 회사를 대표한다. 그렇기 때문에 행동이나 태도 하나하나에 주의를 기울여야 한다. 하지만 가끔 그 사실을 망각하고 선을 넘는 경우가 있다. 즉 자기 자신이 회사가 되어버리는 것이다.

그러다 보니 때로는 참으로 난감한 상황이 벌어진다. 나는 일을 하려고 사람을 만났는데 상대방은 사람이 아닌 그 회사로 앉아 있다. 어깨에는 힘이 잔뜩 들어가고 목은 뻣뻣하다. 목소리는 느릿느릿해지고 의자에서 엉덩이는 옆으로 한참 빠져 있다. 의자를 바짝 당겨 테이블에 앉은 나와 달리, 테이블과 의자가 점점 멀어지면서 의자 등받이에 붙은 등은 떨어질 줄 모른다. 이러면 일이 진행이 안 된다. 상호 간 직급 차이를 떠나서 이는 상대방에 대한 예의가 아님을 잊은 듯하다. 가끔은 갑과 을이 바뀌기도 한다.

여기서 잊지 말아야 할 것이 있다. 내가 그 회사 소속이고 회사를 대표해서 열심히 일하는 것은 당연하지만, '나 = 회사'는 아니라는 점이다. 단지 회사의 구성원으로서 회사에 소속되어 있을 때 나에게 주어진 역할을 충실히 수행하면 된다. 간혹 열정이 넘쳐서 다소 과한 행동을 하거나 어깨가 올라갈 순 있지만, 그때뿐이다. 언젠가 퇴사를 하면 나는 더 이상 그 회사가 아닌 개인인 나, 한 사람의 자연인으로 돌아온다.

회사의 브랜드는 그 회사의 규모를 대략 설명해준다. 그리고 회사마다 다른 곳과 비교될 만한 여러 가지 혜택이나 복지 제도를 운영하며, 이는 직장인에게 급여 못지않은 동기부여 요소이기도 하다. 그런데 우리나라에는 규모가 작거나 인지도 없는 회사가 더 많다.

이제 막 시작한 신생 회사라면 의기투합하여 뭔가 해내고자 하는 분위기가 여러 가지 부정적인 요인들을 상쇄하고 도전의식을 더욱 불러일으키기에 크게 문제 되지 않을 수도 있다. 그러나 작은 회사에 다니는 직원들은 상대 회사가 얼마나 내실 있는가보다 그 회사의 규모에 압도되어 주눅 들기 십상이다.

물론 비교가 되는 건 어쩔 수 없다. 내 회사가 더 크고 잘나가고 좋은 회사면 금상첨화겠지만, 그 잣대나 판단 기준은 대부분 외적인 요인이다. 그러나 중요한 것은 회사의 브랜드나 규모가 곧 당신은 아니라는 사실이다. 회사가 크든 작든 당신과는 상관없다. 크다고 으스댈 필요도 없을뿐더러 작다고 주눅 들 필요도 없다. 회사가 작으면 작은 대로 오히려 기회를 더 많이 만들어볼 수 있는 환경이 된다. 이는 업무를 통해 실질적인 자기계발을 할 수 있다는 뜻이기도 하다. 한계라고 생각한 것이 한계가 아닌 것이 된다.

2016년 말 취업포털 사람인에서 직장인 1,470명을 대상으로 회사

만족도에 대한 설문조사를 실시했다. 그 결과 보통이라고 응답한 사람이 41.5%, 만족 24.7%, 불만족 22.2%, 매우 불만족 8.6%, 매우 만족은 3% 순이었다. 불만족의 가장 큰 이유는 적은 월급 31.2%, 업무 시간 및 강도 29.9%, 조직 문화 19.5%, 복지 7.1%였고, 전체 응답자 중 현재 월급에 만족하지 않는다는 사람은 77.9%였다.

그런데 이러한 회사에 대한 불만 사유와 회사에 대한 자신감이 연계되어 있는 건 아닌가 하는 생각도 조심스럽게 해본다. 자신감은 회사가 아닌 내가 먼저 만들어야 하는 것 아닐까?

"그렇게 그 회사가 마음에 들면 옮겨! 여기서 뭐라 하지 말고, 응?"
"에이, 왜 그러세요. 그냥 해본 소립니다, 하하……."

술자리에서 회사에 대한 불만을 토로하던 중에 튀어나온 선배의 일갈. 틀린 말은 아니지만 면전에서 그런 이야기를 들으니 기분이 썩 좋진 않다. '내 언젠가는 꼭 그 회사로 옮기고 만다!'라며 속으로 꾹꾹 눌러 담고 선배의 술잔을 채워준다.

급여로 인한 불만은 아무리 충족된다 할지라도 또 다른 불만을 부른다. 그보다는 불만의 핵심이 무엇인지 정확히 알아야 하는데, 이 또한 너무 감정적으로 흐르지 않나 주의해서 볼 필요가 있다. 결국 회사의 브랜드도, 규모도 당신을 대변해주지는 않는다. 나를 알고 회사를 알아야 한다. 진정 필요한 것은 회사의 브랜드가 아닌 나의, 나만의 브랜드다.

우리는 이제 착각에서 벗어날 필요가 있다. 회사가 내가 아니듯 나도 회사가 아니다. 회사를 부정하라는 것이 아니라 회사라는 존재를 다시 인식해봐야 한다는 것이다. 그리고 회사에 종속되지 않고 나를 대표할 수 있는 브랜드를 가져야 한다. 그렇다면 나의 브랜드는 어떻게 만드는가? 나의 브랜드는 내가 나를 어떻게 생각하느냐에 따라 그 이미지가 결정된다. 내가 일하고 싶은 회사나 나를 고용할 누군가, 또는 내가 만들 조직에 대한 그림을 그려봄으로써 내 미래를 일궈나갈 수 있기 때문이다. 이는 단순히 자기 PR이나 독창적인 표현 수단을 넘어서는 문제다.

이제는 나를 돌아보고 나의 강점을 하나둘 알아나가야 한다. 약점은 약점대로 인정하고 있는 그대로 피드백한다. 다만 약점보다는 강점에 집중해야 한다. 이렇게 나의 역량과 수준을 확인하고 이를 더욱더 성장시킬 수 있다면 회사에 대한 충성도 이전에 자존감이 높아지는 것을 깨닫게 된다. 그리고 이는 결국 나를 브랜딩하는 소중한 자산이 된다.

이제 회사는 평생직장이 아닌 나의 성장 과정 중에 거쳐가는 하나의 지점이 되었다. 그 최종 목적지에 바로 내가 있다. 거듭 말하건대 당신은 회사가 아니다. 당신은 회사의 규모에 좌우되어서는 안 된다.

회사의 규모나 브랜드에 현혹되지 말고 당신만의 브랜드를 만들어라. 출발점은 바로 지금이다. 어떤 핑계도 대지 말고, 누구의 등 뒤에 숨거나 그 누구를 대신 내세우지도 말자. 바로 지금의 당신이 당신 인생의 주인공이다.

4

10년 전 배운 것
하나로 버티는 사람들

"옛날에는 그렇지 않았는데…… 이상하네. 일단 해서 줘봐!"

상사가 업무 지시를 내린다. 솔직히 이건 내 일이 아닌데 어찌 된 일인지 회의만 했다 하면 내 일이 된다. 처음에는 인정받는 것 같아서 기분이 좋았다. 그래서 일이 많아도 신나게 했지만 지금은 아니다. 가만 보니 잘 모르거나 귀찮은 일들만 나한테 던지는 상사가 밉기만 하다.

최근 들어 4차 산업혁명이라는 말이 심심치 않게 들려온다. 3차 산업혁명까지는 학교 다닐 때 들어본 것 같은데, 어느새 또 다른 산업혁명을 목도하고 있다. 4차 산업혁명은 3차 산업혁명의 각 요소들이 경계가 없어지고 융합되는 기술혁명이라고 한다. 이 혁명의 열쇠는 지능이다. 즉 생산방식과 그 결과로 만들어지는 제품이 모두 지능화되어 연결되는 세상이다. 나와는 상관없다고? 그렇지 않다. 내가 인지를 했건 못 했건 간에, 이미 내 삶에 영향력을 미치고 있다.

구글의 딥마인드가 개발한 알파고라는 녀석이 세계 랭킹 1위의 프로 바둑 기사를 이기질 않나, IBM의 왓슨은 미국 퀴즈쇼에서 보란 듯이 우승을 하더니 이제는 병원에서 의사들의 처방과 진료에 자기 목소리를 내고 있다. 모바일로 대표되는 내 손 안의 휴대폰은 전화기를 넘어 내가 있는 자리를 회사로 만들었다. 모든 것이 네트워크로 연결되고, 사람들이 지적 영역을 더욱더 넓힐 수 있도록 지원하는 기술이 빠른 속도로 발전하고 있다. 지금은 그저 신기할 따름이지만 우울하게도 5년, 10년 뒤 사라질 직업의 대부분이 4차 산업혁명에 기인한다 하고, 내 직업도 어떻게 될지 점점 모호해진다.

이런 세상에서 내가 가지고 있는 것은 무엇인가? 신입 사원 때나 아주 오래 전 배웠던 업무, 또는 기술 하나로 지금까지 생활하고 있지는 않은가? 언제까지 저 상사처럼 그냥 자리만 차지하고 앉아 있을 것인가. 그마저도 내 뜻대로 될까? 직무에 따라 하루하루 새로운 것을 익혀야 하는 경우도 있지만, 대부분은 오래전에 배워 익힌 것에 점점 익숙해지고 별 무리 없이 업무를 수행하며 이제껏 잘 버티고 있다. 변화도 없고 정형화된 업무들. 바뀌는 것은 기술이지 업무는 아니라는 안일한 생각 속에 하루하루를 살아간다. 어느덧 나만의 틀에 갇혀 남들이 손가락질하는 꼰대가 되어가고 있지는 않은가?

무서운 변화의 물결은 가장 먼저 직장에 들이닥치고 있다. 손정의 소프트뱅크 회장은 얼마 전 모 매체와의 인터뷰에서 다가올 미래는 인공지능과 사물인터넷이 모든 산업을 새롭게 재편할 것이라 역설하고, 인공지능이 인간의 지능을 넘어서는 특이점(Singularity)이 곧 도래한다고 말했다.

　우리는 항상 변화를 이야기한다. 살아남으려면 변화해야 한다고 말한다. 수많은 회사들이 변화를 외치고 변화를 독려한다. 그러나 변화의 기회는 받아들이는 자만의 몫이다. 이제 변화를 위한 시간이 점점 없어지고 있다. 앞으로의 변화는 내가 아닌 환경의 도전과 변화로 인해, 내 의지와는 전혀 상관없이 시작될 것이다.

　직장은 더 이상 소속감을 보장하고 안정과 편안함을 담보하지 않는 곳으로 변화하고 있다. 회사에 소속되어 열심히 일하고 나의 자리를 잡아가는 것도 중요하지만, 어느 순간 모든 것을 회사에 뺏겨 나를 돌아볼 겨를도 점점 없어진다. 이런 상황에서 배움의 노력도 줄어든다. 바쁜 것은 자랑이자 핑계였다. 하지만 이제는 아니다. 변화를 자각하지 못한다면 남들에게 등 떠밀려 억지로 변화를 맞이하게 될 것이다. 그렇다면 내 의지로 내가 나를 지킬 수 있는 방법은 과연 무엇일까?

　회사에서 열정을 불태우기 위해선 배움을 멈추면 안 된다. 배우지 않는 사람은 생애 처음 교수로 임용되어 만든 열정의 강의 노트 하나에 의지하여 수십 년째 옛 지식을 앵무새처럼 되뇌는 가련한 노교수와 다를 바 없다. 배움을 통해 내 지식과 내 삶을 지속 순환시켜야 한다. 그러기 위해서는 정체를 거부하려는 의지와 이를 위한 생각의 전환이 필요하다. 그리고 생각의 변화는 바로 행동으로 옮겨야 한다. 그런데 요즘 이와 반대로 가고 있는 신흥 세력이 있으니, 그들은 바로 '젊꼰'이다.

"이게 최종 보고서야? 좀 이상한데…… 자료는 확인했어? 당신 생각은 뭔데?"

"아뇨, 그게…… 확인해보겠습니다."

"뭐라고? 그걸 지금 대답이라고 하는 거야? 그러고선 이걸 최종 보고서라고 올렸어?"

"그야 부장님께서 다 되었다고 하셔서……."

부아가 치밀고 언성이 높아진다. 요즘 젊은 친구들과 일을 하다 보면 뭔가 이상하다. 내 연배도 아닌데 어디서 많이 맡아본 냄새가 이 친구들에게서도 난다. 이건 분명 상사의 냄새인데……. 지금 보니 내가 후배가 아닌 상사를 모시고 있는 셈이었다. 그런데 묘한 것이, 난 분명 꼰대가 아닌데 이들은 나를 꼰대라고 부른다는 것이다. 난 항상 나를 다독이며 열심히 배우고 일하고 있는데 뭔 소린가? 정말이지 뭔가 잘못되어도 한참 잘못된 것 아닌가?

꼰대는 어느 시대에나 있었지만 이제는 나이나 직급과 상관없이 나타나고 있다. 소모적인 회사 생활에서 자신만의 생존 방식을 터득한 이들이 자신을 돌아보지 않고 남 탓만 하면서 그 수가 늘어나는 것은 아닐까? 사람은 태어나고 성장한다. 배움은 곧 성장이다. 배움을 멈추는 순간, 성장도 멈춘다. 성장을 멈춘 사람들로 회사는 위기를 맞고 있다.

배움에는 때가 없다고 한다. 태어나서 죽을 때까지 모든 순간이 배움의 연속이다. 지금 내가 속한 회사에서, 나의 자리에서, 나와 함께하는 사람들과 함께 배움을 주고받아야 한다. 늙은 꼰대건 젊은 꼰대건 구분할 필요도 없다. 부끄러워할 필요도 남을 비난할 이유도 없다. 언제까지 나만의 지식과 경험으로 모든 것을 헤쳐나갈 수는 없기에, 나를 위하고 동료들과 함께 하기 위해 배움을 지속할 때 이 변화무쌍한 세상에 맞설 수 있는 힘이 생긴다.

배움을 멈추는 것은 나 개인으로서뿐만 아니라 회사에서도 도태될 수 있는 가장 핵심적인 요인이다. 그런데 배움은 누구도 챙겨주지 않는다. 나 스스로 알아서 해야 한다. 회사에 첫발을 내딛어 받은 직무는 나의 주 무기가 된다. 이 무기가 내 것이 되기까지는 오랜 시간이 걸린다. 그 직무를 수행하면서 함께한 수많은 경험과 시간이 나를 전문가로 만들어준다. 하지만 여기에 머물지 말고 눈을 들어 더 멀리

봐야 한다. 외연을 넓히자는 말이다.

한 우물만 파라는 옛말이 틀린 것은 아니지만, 한 우물을 파면서도 가끔은 우물 밖으로 나와 주변의 소식도 듣고 날씨의 변화도 느껴야 한다. 우물에서 고개를 들지 않으면 꼰대가 된다. 옆도 돌아보고 주변이 어떻게 바뀌는지도 살펴가면서 겸손과 지식으로 지혜를 만들어야 한다. 아랫사람에게도 배울 것이 많다. 처음에는 다소 힘들겠지만 긍정적이고 수용적인 자세로 항상 질문하며 배워간다면 업무의 폭과 깊이가 더해지면서 어떠한 상황에서도 대처가 가능한 전문가 수준까지 올라갈 것이다. 나를 먼저 낮추고, 배움이라는 목표 아래 많은 사람들을 참여시키고 열과 성을 다해 공부해야 한다. 10년 묵은 낡은 무기를 버리라는 것이 아니라, 이를 더욱 단단하게 갈고닦아 새로운 무기를 만들자는 것이다.

5
피땀 흘려 이뤄낸
나의 성과는 과연 누가 가져갔을까

회사에서 받는 급여는 내가 회사에서 일한 대가이자 평가받은 내 가치다. 처음 입사할 당시 나와 회사 간에 가장 중요하게 확인하는 부분이며, 이견이 없다면 상호 합의하에 근로계약을 진행한다. 그렇게 회사는 내 가치에 합당하는 급여 수준을 결정하고, 지속적이고 정기적인 평가를 통해 내 가치를 꾸준히 추적한다. 이것이 곧 내 급여를 결정짓는 핵심적인 요소가 된다는 것은 누구나 알고 있다. 회사의 급여 제도가 어떠하든 간에 그 가치를 판단하는 기준은 내가 만들어낸 중요한 성과에 있다.

성과에 대한 보상은 성과 평가의 결과에 달려 있다. 보상 방식은 회사마다 상이하지만 내규 외에도 경영진의 판단에 따라 다양한 방식으로 결정되기도 한다. 중요한 것은 내 성과에 대해 제대로 보상받고 있느냐다. 물론 받기는 한다. 다만 그 보상이 합리적이고 적정한가에 대해서는 회사와 직원이 양극단에서 마주 보고 있다. 서로의 입장차는 좁혀지지 않고, 직원은 만족하지 못한다. 설령 서로 이해하고 인정한다 해도 직원 입장에서는 조금이라도 더 보상받기를 원한다. 이와 더불어 공정하고 투명하길 원한다.

"이것이 인기상 투표 결과인데, 축하해! 1등이네. 그런데 말이야…… 어떡하지? 담당자인 자네가 상을 받으면 직원들 사이에서 이런저런 말이 나올 수 있으니까, 미안하지만 이번에만 행사 담당자는 열외로 하고 2등을 1등으로 하지. 이번 건은 내 나중에 따로 보상할 테니까 양해 좀 해줄 수 있겠나?"

이런 상황에서 싫다고 하기도 난감하고, 경영진이 판단해서 진행하는 것이 맞다고 본 담당자는 수긍했다. 행사는 잘 마무리되었고, 이런 큰 행사를 준비하느라 고생했다는 이야기를 많은 직원들로부터 들었다. 모두에게 고마웠다. 그런데 문제는 행사가 끝나고 나중에 해주겠다던 보상은 잊었다는 것이다. 이걸 그냥 놔둬야 하나, 아니면 찾아가서 이야기해야 하나?

"최 과장, 수고했어! 수고했어!! 자네가 아니었으면 이번 사업 건을 따낼 수 없었을 거야. 야~ 굉장했단 말이지. 자네가 작성한 자료가 그렇게 딱 들어맞았지 뭐야. 정말 수고했어!"

어깨를 다독이는 정 부장의 칭찬에 우쭐했던 최 과장. 당연히 내 일이었고 뭔가를 바라고 한 것은 아니었다. 맡겨진 업무에 최선을 다했을 뿐. 하지만 연초에 받아본 성과평가표에 그 사업 건은 고려 대상이 아니었다. 뭐지? 나중에야 알았다. 내 성과는 이 차장에게 가 있었다는 것을.

영리가 목적인 회사는 이 목적을 달성하기 위해 수많은 방법론을 활용한다. 연도별로 단기 또는 중장기 미래 전략을 전사적으로 수립하고, 다양한 협의를 거쳐 전사적 목표를 조직 단위별로 적용하고, 정해진 목표에 따라 전 조직의 성과가 상하위로 밀접하게 연계되어 일사불란하게 움직인다. 성과 목표는 경영진에서부터 최하위 개인 단위 혹은 특정 조직 단위별로 세세하게 분화, 상호 연결되며 액션플랜 수립-실행-성과 관리로 이어진다. 창출된 성과는 세밀하게 평가되고 주기적으로 정리하여 피드백을 한다. 이 속에서 모든 액션플랜은 팀과 개인에게 부여되며, 수립된 일정 계획에 따라 상사의 관리하에 정기적인 코칭 및 피드백을 거쳐 궁극의 성과 달성에 한발 다가선다.

이러한 조직 체계에서 개인 단위별로 달성해내는 성과들도 물론 중요하지만, 보통은 혼자가 아닌 팀 단위의 성과를 달성하는 데 초점이 맞춰져 있다. 개인 단위의 성과는 그 중요성이나 시급성에서는 우선순위가 다소 떨어지고, 다른 성과 달성을 위한 기초적 지원에 집중된다. 그러면서 모든 구성원에게 멀티태스킹을 요구하고 지시한다. 사람은 원래 멀티태스킹을 할 수 없다는 것을 알면서도 가시적인 성과나 스타플레이어를 보여주기 위해 멀티태스킹이 주요하게 쓰이기도 한다.

그렇기 때문에 일단 내 성과가 불분명하다. 기계를 조립하듯 업무가 명확한 부속 단위로 이뤄진 것도 아니고, 그 경계를 가늠할 수 없게 중첩되어 있기도 하다. 정량과 정성의 줄타기 속에서 결국엔 성과로 나오기는 하지만, 이 또한 팀의 성과이지 나 개인의 성과가 아니다. 사정이 이러하다 보니 개인적인 과업을 별도로 부여받지 않는 이상, 또한 그 성과가 최종 산출물이 아닌 이상, 개인의 성과를 조직에서 인정받는다는 것이 앞뒤가 맞지 않고 크게 의미도 없다. 성과에 대한 기여도는 조직이 우선이다.

"아니 내가 장님도 아니고 저 친구보다 못한 게 뭐지? 게다가 저 친구는 만날 놀고 있잖아. 팀 성과는 모르겠고요, 내 성과나 제대로 평가해달라고요!"

이런 푸념을 듣게 되면 마음이 아프다. 사실 내색을 안 할 뿐 우린 회사의 월급도둑이 누구인지 다 안다. 하지만 제대로 잡아내지 못한다. 아니, 안 잡아낼 때도 많다. 조직의 논리라는 명분하에 내 성과를 제대로 평가받지도 못하면서 도둑맞기까지 한다. 도대체 이게 말이 되기나 해? 삼삼오오 모여서 푸념하고 술로 푼들 내 몸만 망가질 뿐이다.

퇴사 공부는 결국 내 가치를 높이는 일이다

성과에 대한 보상은 내가 속한 회사의 사정에 따라 좌지우지되고 뜻대로 되지 않을 수 있으나 언제까지 환경 탓만 하고 있을 수는 없다. 환경에 지배를 받기도 하지만 그 환경을 만들어가는 것도 사람이다. 그렇다면 그런 환경을 만들어보면 어떨까?

그 방법은 내 가치를 드높이는 것이다. 우선 현재의 내 가치는 회사에서 받는 내 급여 수준이다. 이를 인정하지 못하면서도 아직 그 회사에 다닌다면 다시 생각해봐야 하는 것 아닐까? 그렇다면 일단은 인정하자. 그럼 내 가치인 내 급여를 올리고 싶다면? 그건 누구도 대신해줄 수 없으니 내가 직접 해야 한다. 내 브랜드를 키우고 일로, 성과로 인정받아야 한다. 내 가치가 올라가면 자연스럽게 남들도 알게 되고 인정하게 된다. 그래도 몰라준다면? 그건 그때 가서 고민해도 늦지 않다. 일단 내 가치가 먼저다.

이때 내 가치는 올리는 방법으로 퇴사를 고민해볼 수 있다. 지금 당장 퇴사하라는 것이 아니라, 퇴사를 목표로 마음가짐을 새롭게 다지고 하나씩 차근차근 준비해나가는 공부를 통해 내 가치를 높이는 것이다. 퇴사를 공부하면서 가치를 한껏 높이고 그 가치에 대한 보상을 받는 건 어떨까? 불가능하다고 생각하는가? 생각을 바꾸고 일단 한번 해보면 어떨까?

퇴사 공부는 바꿔 말하면 퇴사를 염두에 둔 자기계발이라고 할 수 있다. 언젠가 다가올 퇴사를 눈앞에 시각화하고 이를 준비하는 마음가짐, 명확한 목표 설정과 꾸준함이 필요하다. 그리고 누군가에겐 단지 꿈이지만 또 다른 누군가에겐 과정인 퇴사를 위한 시간 관리로 자기계발을 지속한다면 내 가치는 자연스럽게 올라갈 것이다. 퇴사 공부로 한번 해보는 것이다.

6
퇴사의 때는
정해져 있지 않다

학교를 졸업하고 사회로 나온 당신. 고되고 오랜 구직 활동 끝에 입사를 한다. 주위에서 쏟아지는 축하를 받으며 그간의 마음고생이 눈 녹듯이 사그라진다. 이제 모든 것이 이뤄졌다. 하지만 입사는 인생의 새로운 문 하나를 연 것일 뿐, 직장이란 현실이 시작된다. 그리고 마지막에 또 다른 문이 기다린다. 퇴사다. 입사와 퇴사는 자연의 섭리만큼이나 당연한 일이다. 해가 뜨고 지고, 달이 차고 기울듯 들어갔기에 나오는 것이다.

그런데 많은 사람들은 입사라는 어려운 관문을 통과하는 데 온 신경과 관심이 가 있는 바람에 퇴사는 내 일이라고 생각하지 않는다. 또 바쁜 업무에 항상 뒷전이다. 그래서 대부분의 직장인들이 마치 퇴사는 없을 것처럼 일한다. 물론 그간의 고생에 대한 보상 심리일 수도,

일을 배워가는 즐거움일 수도 있겠지만 사람마다 조금씩 차이가 있을 뿐, 직장 생활을 하는 한 언젠가는 퇴사가 다가오게 마련이다.

이제 퇴사를 진지하게 다시 생각해보자. 퇴사는 당연한 것인데 어느 순간에 불쑥 맞이하는 죽음을 대하듯 하진 않는가? 준비가 되어 있고 퇴사 후 할 일을 고려하여 다음 단계로 순조롭게 넘어간다면 별 문제가 없겠지만, 그렇다고 해도 일이 없어진다는 상실감과 일을 통해 얻게 되는 수입의 연속성이 걱정되는 건 사실이다. 다만 정도의 차이만 있을 뿐 누구나 헤쳐나가야 할 길이다. 퇴사는 끝이 아니라 새로운 길을 여는 문이다. 그렇다면 이제 퇴사를 진지하게 다시 생각해봐야 하지 않을까?

"회사의 성장 엔진이 서서히 식어간다. 최근 몇 년째 정체 상태다. 회사 내외부의 수많은 부정적 신호를 바꿔보고자 모두들 열심히 일을 하지만 상황이 좋아질 기미가 보이지 않는다. 우리의 노력과 별개로 대외 환경의 영향이 크다고들 하지만, 사실 내부적인 원인이 더 커 보인다. 경영진을 비롯하여 많은 사람들이 시름에 잠긴다. 변화를 외치고 변화를 위해 많은 노력을 기울여보지만 변화는 쉽게 다가오지 않는다. 하반기에 들어서는 내년도 사업 계획을 수립하느라, 한 해를 마감하면서 변화를 위해 수많은 회의와 보고를 하느라 정신이 없다. 그런데 새해를 맞이하여 신년사 대신 들은 것은 희망퇴직 공고였다."

"최근 사회경제적으로 큰 이슈였던 한 조선사는 희망퇴직 신청을 받았다. 창사 이래 생산직까지 포함해서 희망퇴직 신청을 받은 것은 처음 있는 일이라고 한다. 이에 목표로 했던 1천 명을 충족했다고 한다. 생산직 30%, 사무직 70%. 이후 조직 개편 등을 통해 추가 감원을 진행할 예정인데, 1만 3천 명이 넘는 직원을 1만 명 이하 규모로 줄일 계획이라고 한다. 정부를 주축으로 한 조선업 경쟁력 강화 대책에 오랜 장고 끝에 회사가 응답한 것이다."

이런 일들이 비일비재한 작금의 상황. 좋은 뉴스는 찾아보기 어렵고 모두 어렵다는 말뿐이다. 그리고 이런 일들은 결코 남의 이야기가 아니다.

"회사가 어렵기도 하고 분위기도 좋지 않아서 그동안 고민해온 이직 결심을 최근에 했다. 퇴사를 위해 주변의 여러 지인과 더불어 꾸준히 구직 활동을 했다. 회사에는 알리지 않고 조심스럽게 움직였다. 결과를 가늠할 수 없는 상황에서 주변 동료들에게 민폐를 끼치는 것 같아서다."

얼마 전 준비된 퇴사로 이직에 성공한 김 차장 이야기다. 동료들은 모두 진심으로 축하해주는 분위기다. 내심 부러워하는 동료들도 있지만 이를 계기로 잠시나마 각자 자신을 돌아보게 되었다. 상황이 여의치 않아 그냥 걱정만 하다가 정말 갑작스럽게 퇴사를 마주한다 하더라도 누굴 탓할 수는 없다. 하지만 입사한 지 오래되었든 얼마 되지 않았든 간에 나와 나를 둘러싼 모든 상황들을 직시하고 준비를 해야 할 때가 지금 아닐까? 늦고 빠름의 문제라기보다는 내가 주도적으로 해보려는 자세가 필요하다.

"퇴사는 항상 생각해요. 드라마처럼 사직서를 써서 가슴에 품고 있진 않지만 이미 써놓은 거나 진배없어요. 여기서 이렇게 있을 제가 아니잖아요? 하지만 누구처럼 불쑥 내질 못하겠어요. 이게 때가 있는 건 아닌데 내볼까 하면 일이 생기고, 그럼 또다시 집어넣고, 그러길 반복하다 보니 이제는 그냥 생각만 가지고 있어요. 쉬운 일은 아닌 거죠."

입사했으니까 퇴사한다

1차 산업혁명 후 회사라는 개념이 생긴 이래로 사람들은 출근이라는 것을 하기 시작했다. 대략 6천 년에 걸친 인류문명사에서 고작 250여 년의 역사밖에 안 된 출퇴근은 이제 전 인류를 움직이는 거대한 바퀴가 되었다. 이 시스템에 몸담은 사람들은 누구나 이른 아침 졸린 눈을 비비고 일어나 출근하고 일하고 퇴근한다. 그리고 이 생활을 반복하다 때가 되면 퇴사를 맞이한다. 그런데 우리는 너무 바쁘고 힘든 나머지 많은 것을 잊고 지낸다. 바쁜 일상 속에서 내 입사 동기는 어느 순간 경쟁자가 되고, 귀여웠던 후배가 나보다 먼저 승진을 하면서 입지가 점점 좁아지고 위태로워지는 순간에 직면한다. 그제야 후회한들 무슨 소용인가. 미리미리 준비를 해야 한다. 그런 준비조차 없다면 당신의 미래는 점점 불투명해질 것이다. 회사라는 이 시스템은 그렇게 돌아간다.

회사 브랜드에만 몸을 맡겨서도 안 된다. 아무리 유명하고 규모 있는 회사에 다닌다고 해도 그것이 당신을 대변해주지는 않는다. 그런데 많이들 착각을 한다. 회사의 크기가 나를 대변하고, 나는 그럴 힘이 있다고 생각한다. 그러나 회사를 벗어나면 나는 그냥 개인이고 혼자다. 그렇다고 기죽을 필요도 없다. 모든 직장인이 마주한 현실은 동일하기 때문이다.

특히나 오랜 기간 배움을 멈추고 예전에 익힌 기술과 업무 하나로 계속 버티고 있다면 생각과 마음을 단단히 고쳐먹고, 새로운 분야에 대한 관심과 공부를 통해 스스로를 꾸준히 업데이트할 필요가 있다. 그렇게 노력하는 한편으로 회사 내에서 당신의 성과를 인정받을 수 있도록 업무에 더욱더 집중하고 열심히 생활하라. 당신이 꿈꾸고 바라는 퇴사는 당신이 준비한 만큼 할 수 있고, 그 답은 당신이 지금 하고 있는 업무 안에 모두 들어 있기 때문이다. 퇴사는 미래가 아니라 현재다. 지금 이 순간에 얼마나 충실히 퇴사를 공부하느냐에 따라 당신의 미래가 바뀐다. 변화는 지금부터다. 자리를 털고 일어나 퇴사를 공부해보자!

퇴사 후 비전, 답은 회사 안에 있다

퇴사를 생각하는 많은 직장인들은 막상 퇴사 후 무엇을 할 것인가에 대해서 고민이 많다. 무언가를 고민하기 시작했다는 것은 매우 바람직한 일이다. 하지만 생각만으로 실천을 이뤄낼 수는 없다. 현실에서 희망을 봤지만 그와 동시에 현실은 가장 큰 장애로 다가온다. 그래서 고민은 결국 생각으로만 그치고 불만스런 직장 생활을 계속 참고 견딘다. 악순환의 시작이다.

우리가 생각을 행동으로 옮기지 못하는 이유는 퇴사할 이유와 퇴사 후 무엇을 할지에 대한 목표가 명확하지 않다는 데 있다. 또한 경제적 현실에 대한 걱정 때문이다. 특히 수입에 있어서는 솔직해져야 하는데 많은 이들이 그렇지 못하다. 직장인들의 소득이라는 것이 유리알 같은 근로소득이나 사업소득 정도이며, 기타 소득은 이를 확보할 여건이 안 되거나 일시적이라는 점에서 불안하다. 이런 소득이 담보된다면 일반적으로 퇴사 후 방향은 몇 가지가 있다. 타 직장으로의 이직이나 전직을 통한 재취업, 직장이 아닌 개인 사업으로서의 자영업, 학업에 뜻을 두고 진학을 고려하거나 재취업을 위한 준비로서의 공부, 그리고 귀농이나 귀촌을 고려한다. 물론 휴식을 취하거나 멋진 여행을 계획할 수도 있다. 이렇듯 많은 방향이 존재하며, 시기적으로 퇴사 후 바로 이어가든 혹은 약간의 휴지기를 갖든 궁극에는 현재 직장 이후 두 번째 인생의 장을 펼치게 된다.

이 인생의 두 번째 장을 준비하고 맞이하는 것과 급작스럽게 맞이하게 되는 건 하늘과 땅 차이다. 그런데 급작스러운 상황은 근래 들어 빈번하게 벌어지고 있다. 물론 자발적인 퇴사도 있지만 대부분은 회사 사정에 따른 폐업이나 해고, 권고사직 및 희망퇴직 등 현재 가지고 있는 직장을 하루아침에 잃는 경우다. 평생직장이 사라졌다고는 하나 막상 닥치는 현실의 벽은 높고 불안하기만 하다. 특히 돈으로 인한 선택의 폭은 그리 넓지 않고, 돈에 초점을 맞추다 보면 무언가를 도모하는 것조차도 행동으로 옮기지 못한다.

"내가 누군데, 뭔들 못하겠어? 치킨집이라도 하면 되지!"

"치킨집은 그냥 되는 줄 알아? 우리나라가 세계에서 자영업자 비율이 제일 높다는데, 바꿔 말하면 망할 확률도 높다는 뜻이잖아."

"그렇기는 한데 나한테는 특제 레시피가 있단 말이지! 난 프랜차이즈는 안 할 거야."

"좋아. 그런데 요새 AI다 뭐다 해서 내 힘으로 어떻게 할 수 없는 일이 너무 많지 않아?"

퇴사 후 무엇을 할 것인가를 두고 동료들과 이야기를 하다 보면 답은 언제나 초라하다. 그럼에도 퇴사 후 많지 않은 선택지에서 할 수 있는 일을 몇 가지 꼽는다면 무엇이 있을까? 크게는 네 가지를 들 수 있다.

첫 번째는 지금 내가 하고 있는 일이다.

그 일을 하기까지 여러 경로를 거쳐왔겠지만 결론적으로 현재 내가 맡은, 나에게 주어진 일이 내가 가장 잘할 수 있는 일이고, 실제로 지금 하고 있다. 만약 아니라면 또 다른 시도가 필요하고 그 또한 자신의 힘으로 해야 한다.

두 번째는 내가 하고 싶은 일이다.

지금 하고 있는 일이 하고 싶은 일이라면 두말 할 나위 없겠지만, 아니라면 하고 싶은 일을 따로 준비하고 있을 것이다. 경력관리 차원에서도 많은 고민을 할 수 있겠으나 결국엔 내가 만들어나가는 일이다. 이 또한 의지를 바탕으로 회사 내에서 기회를 만들 수 있다. 적극적인 시도만이 새로운 길을 열 것이다. 또한 하고 싶은 일은 내가 지금 하고 있는 일과도 시너지 효과를 충분히 만들 수 있다. 오늘날 완전히 별개의 일이라는 것은 없기 때문이다.

세 번째는 내가 가장 잘하는 일이다.

이는 내가 지금 하고 있는 일이나 하고 싶은 일과 같을 수도 있지만 다를 수도 있다. 조직적인 문제나 경력상의 이유로 내 역량을 발휘 못 하고 있을 수도 있고, 할 수 있는데도 역량을 발휘 안 하고 있을 수도 있다. 하고 있는 일, 하고 싶은 일과 잘할 수 있는 일이 합일이 된다면 모를까, 가장 잘하는 일은 다른 모든 일을 능가할 수 있다.

마지막으로 내가 가장 오래 시간을 투자한 일이다.

여기에는 두 가지 측면이 있다. 내가 원하던 일이라면 상관없지만, 그게 아니라 지시에 의해서 하게 되었다면 이 또한 면밀히 살펴봐야 한다. 오래 했다고 잘할 수 있는 건 아니다. 하고 싶은 일이 아닐 수 있다. 그렇기 때문에 솔직해져야 한다. 나만의 답을 찾아야 한다.

찾았는가? 아마도 대부분의 경우에는 지금 이 자리에서 당신이 하고 있는 일이 퇴사 후 할 수 있는 그 일이 될 것이다. 굳이 멀리서 찾을 필요가 없다. 다음소프트의 송길영 부사장은 수많은 사람들의 일상적 기록이 담겨 있는 소셜 빅데이터에서 인간의 마음을 읽고 해석하는 일을 수년째 해오고 있다. 그간 회사를 옮기기는 했지만 자신이 관심 있고 하고자 한 일을 꾸준히 해서 자신만의 전문 영역을 개척했다. 이처럼 지금 내가 하고 있는 일은 나를 대표하고, 나의 역량이 되고, 궁극에는 나를 브랜딩하는 주 무기가 될 수 있다. 만약 내가 하고 있는 일이 그렇지 않다면, 필요하다면 바꿔서라도 내가 하고 있는 일로 나를 특정 지을 수 있어야 한다. 이는 나 혼자만의 힘으로 되는 건 아니다. 주위의 여러 사람이 같이 도와주고 이런 환경들이 때를 만났을 때 나를 도와주는 기회로 다가온다.

그렇다면 내 일을 어떻게 해야 할까? 쉽게 시작할 수 있다. 회사에서 일을 할 때 각종 성과나 관리를 위한 정리를 같이 하는 것이다. 별도로 시간을 내지 않고 말이다. 또한 내가 하는 일을 자세히 적어보자. 무엇이든 상관없다. 하나도 빼놓지 말고 회사에 출근해서 퇴근할 때까지 했던 일을 모두 적어보자. 그리고 분류를 하는 것이다. 크게는 가장 중요한 일과 시급한 일, 시급하지 않은 일로 기준을 나눈 뒤 내가 적은 모든 일을 그 기준에 따라 배치한다. 하루 정리로 모든 것을 파악할 수는 없다. 짧게는 일주일, 길게는 2~3개월 동안 지속적으로 해봐야 한다. 그러면 나에게 정말 중요하고 시급한 일이 무엇인지 파악이 되고, 이것이 지금 내가 하고 있는, 가장 중요한 일이 된다.

결과는 있는 그대로 인정한다. 마음에 들지 않고 더 관심이 가는 다른 일이 있다면 바꿔보자. 쉽진 않겠지만 익숙함을 버리는 데 주저하지 말자. 변화하고자 하는 의지가 있다면 충분히 바꿀 수 있다. 그리고 그 일을 정성을 다해 사소한 것 하나라도 다 챙겨서 끝까지 해내자. 이 일로 당신은 새롭게 평가받을 것이며, 자기 자신에게 떳떳하다면 그 결과 또한 충분히 떳떳할 것이다. 그리고 나중에 이 일이 당신을 대표할 것이다. 퇴사 후 무엇을 어떻게 할지에 대한 구체적인 설계를 우선적으로 하고, 명확하게 목표와 계획을 잡고 나아가며 인생의 예외 상황도 미리 고려하고 예측할 수 있는 힘! 바로 지금 당신의 일에서 찾을 수 있다.

職
退
工

퇴사 공부는 내 가치를 높이는 일이다.
직장인에게 1년은 정말 짧은 시간으로,
시간의 흐름과 함께 내가 성장하는 것도 느껴진다.
나를 바라보는 동료, 상사, 후배들의 눈빛에서도 이를 느낄 수 있다.
퇴사 공부란 결국 퇴사를 염두에 둔 자기계발이 목적인 것이다.

2

퇴사 공부,
딱 1년이면 된다

1
퇴사 공부를 시작하면
당신의 태도가 달라진다

"알람이 계속 울린다. 이불 속에서 좀 더 버티고 싶지만 졸린 눈을 비비고 겨우 일어난다. 차 시간에 늦지 않게 나가려면 서둘러야 한다. 출근길은 이미 콩나물시루다. 이리저리 치이다 보면 출근도 하기 전부터 지치기 일쑤다. 그렇게 회사 문 앞에 당도하고 정신없이 일을 하다 보니 퇴근할 시각이다. 그런데 아직 일이 남았다. 조금만 더 한다는 것이 또 몇 시간 훌쩍 지나가버린다. 가방을 챙겨서 집으로 간다. 몸과 마음은 이미 녹초가 되었고, 그렇게 쓰러져 잠이 들어버린다."

흔히 볼 수 있는 직장인들의 하루. 여기에 밤샘 작업이 생기기도 하고 늦은 회식이나 술자리, 이런저런 약속 등을 챙기다 보면 하루 24시간도 부족하다. 그렇다고 아침에 지각을 할 수는 없다. 지치고 힘들어서 좀 쉴까 싶다가도 그건 또 눈치가 보여서 말 꺼내기조차 어려울 때가 많다. 이런 상황에서 벗어날 수 있는 출구가 과연 있을까? 사면 초가다. 어떻게 하면 좋을까? 이때 할 수 있는 일은 딱 하나다.

멈추기!

무조건 서야 한다. 상황이 좋지 않으면 않을수록 반드시 서야 한다. 내 인생을 통틀어, 아니 회사 생활을 통틀어 멈추는 시간은 얼마 안 된다. 진심으로 결단하고 서야 한다. 가던 길을 멈추고, 달리기를 멈추고, 시간을 멈추어야 한다. 이렇게 멈춰 서면 큰 문제가 생기지나 않을까 고민하지 말자. 절대로 아무런 문제도 생기지 않는다.

"지금부터 1년간 회사에 나오지 마십시오!"
"제가 무엇을 잘못했나요?"
"아니오. 당신만 쉬는 것이 아닙니다. 우리 회사 모두가 1년간 쉬기로 했습니다."

2012년 어느 날, 영국 홍보회사 글로벌 톨러런스의 설립자 사이먼 코언은 전 사원에게 1년간의 휴식을 지시했다. 당시 그의 회사는 해마다 매출 기록을 갱신해나가던 중이었음에도 '생존을 위한 휴식'을 감행했다. 1년 휴식의 결과는 모두의 우려를 넘어 그전의 매출을 가뿐히 뛰어넘는 성장으로 나타났다. 이는 신경과학자인 마커스 라이클 교수의 '휴지기 네트워크'라는 이론으로 설명할 수 있는데, 인간의 뇌는 오히려 휴식을 취할 때 창의성을 발휘한다는 것이다.

비록 회사 차원에서 글로벌 톨러런스처럼 할 수는 없겠지만 나 개인의 차원에서는 가능하다. 멈추고 나를 바라본다. 내가 서 있는 자리, 내가 지나온 길, 앞으로 갈 길, 그리고 주변을 찬찬히 돌아본다. 여기서 핵심은 가던 길을 멈추고 선다는 것이다. 지금 내 상태가 어떤지 나 스스로를 바라보는 것부터가 시작이다. 이렇게 한참을 바라보고 있으면 그 자체만으로도 마음의 위안을 얻게 된다. 그리고 나 자신에게 던질 질문도 생길 것이며 그 속에서 답도 보일 것이다. 나와 주변을 살펴라. 이때만큼은 주변에 휘둘리지 말자. 남들이 뭐라고 하든 신경 쓰지 말고, 거절할 것을 두려워 말고, 단호해지자. 내가 하고 싶은 대로 나한테 나를 맡겨보자.

필요하다면 회사에 양해를 구하고 일부러라도 시간을 내야 한다. 아마 대부분의 직장인들이 그렇겠지만 필자도 이렇게까지 하진 못했다. 다만 주말을 십분 활용했다. 가족에게 양해를 구하고 토요일이나 일요일 하루를 온전히 나를 위해 썼다. 그렇게 주어진 시간에 필자가 선택한 일은 산에 혼자 오르는 것이었다. 특히 사람이 붐비지 않는 새벽 시간을 활용해서 집에서 가까운 산부터 좀 더 멀리 떨어진 산까지 다녔다. 그러면서 나를 돌아볼 수 있는 나만의 시간을 가졌다. 이렇게 결정하고 멈춘 이후 그동안 내가 보지 못한 것을 보게 되었다. 눈은 있지만 그동안 보지 못한 많은 것들, 관심도 없던 것들, 내가 보고 싶은 것만 봤던 그 속에서 또 다른 뭔가를 볼 수 있었다. 내 속에 있는 또 다른 나도 만났고, 그와 즐겁게 대화를 나눴다. 돌아보니 그 시간이 너무나 소중했고 행복했다.

보지 못한 것들을 보게 되면 마음가짐도 생각도 달라진다. 정말로 중요한 것이 무엇인지 집에서도, 회사에서도 자연스럽게 알게 된다. 내가 퇴사 공부를 결심한 뒤부터 알게 되는 모든 것들, 보지 못한 것들에 대한 관심이 생기면서 회사 생활에 임하는 내 자세부터가 달라진다.

왜 일을 저렇게 하는지 평소에는 신경도 쓰지 않았다면 이제는 궁금하다. 그래서 주위 사람들에게, 혹은 그 일을 하는 담당자를 찾아가서 직접 물어본다. 일이라는 것은 그 일을 하는 특정 몇몇 사람과 부서에만 국한된 것이 절대 아니다. 겉보기에는 직접적으로 연관이 없을지라도 분명 나하고 연결 고리가 있게 마련이다. 이를 깨닫는 순간 그 일은 이미 남의 일이 아니다. 알아보면 보이고, 보이면 무언가를 찾게 된다. '이렇게 바꿔보면 좀 더 효율적으로 일을 할 수 있지 않을까?'라는 작은 생각들이 모이고 모여서 개선을 가져오고 변화를 만들어낸다.

변화는 결코 거창한 구호나 몇몇이 주도하는 이벤트를 통해 이루어지지 않는다. 그럼에도 회사에서는 변화와 관련된 특별 팀을 조직하고 자체적인 기획을 통해 실행을 하거나 아니면 큰 비용을 들여가며 외부 컨설팅을 통해 솔루션을 마련하고 변화를 추진해나간다. 결국은 경영진의 마음가짐과 의지에 달려 있지만, 이러한 수단을 동력 삼아 직원들의 생각을 바꿔나가고 행동을 이끌어내면서 변화 목표를 하나둘 달성해간다. 그 시작과 끝의 중심에 서 있는 것은 바로 사람이다.

'저 친구는 그동안 그렇게 안 봤는데, 내가 몰랐네.'

같은 직장에 다니면서도 사무적으로만 알고 지내던 동료가 새롭게 다가온다. 관심을 가지면 일 뒤에 가려져 있던 그 사람을 새롭게 보는 눈이 뜨인다. 단점도 보이지만 숨어 있던, 보지 못했던 장점도 보인다. 그간의 관계가 껄끄러웠다면 무엇 때문에 그랬는지 풀어볼 기회도 생기고, 서로가 서로를 이해하고 새로운 관계로 발전할 수 있는 계기가 되기도 한다. 이는 내가 먼저 나를 멈춰 세우고 직시했기 때문이다. 결국은 다른 사람의 문제가 아닌 내가 문제인 경우가 더 많다.

퇴사 충동을 일으키는 상사로 인해 생기는 '상사병'은 이름만 새로울 뿐 전혀 새로운 것이 아니다. 그것을 뭐라 부르든 이런 상사를 피해갈 방법이 있다면야 좋겠지만 없다면 감내해야 할 부분인데, 막상 이런 상황에서는 말처럼 감내하기가 쉽지 않다. 그런데 상사병을 일으키는 그 상사는 결코 변하지 않는다. 그렇다면 답은 이미 나왔다. 나는 이제 예전의 내가 아니다. 병의 원인을 알면 치료할 수 있다. 인간관계에서도 새로운 국면을 만들 수 있다. 내가 변해서 병을 다스릴 수 있다. 즉 병에 대한 주도적 치유를 내가 할 수 있다는 것이다. 비록 완치까지는 어렵더라도 예전처럼 상처받을 일은 꽤 줄어들 것이다.

일과 사람, 사람과 일이 공존하는 회사에서 나를 돌아봄으로써 주변을 돌아볼 수 있는 힘을 갖게 된다. 퇴사를 공부하면서 얻게 되는 좋은 점 중의 하나는 내가 하는 일에, 나와 같이 일하는 동료에 대해, 회사가 나아가고자 하는 방향에 대해 더 많은 관심을 갖게 된다는 것이다. 회사는 나를 절대로 책임져주지 않는다. 그렇기 때문에 나를 먼저 위하는 일이 곧 회사를 위하는 일이고, 두 가지를 따로 할 필요가 없다는 결론이 나온다. 그러니 퇴사 공부를 위해 내 주변의 사소한 모든 것을 챙겨보자. 챙길 것이 별로 없다고? 찾아보면 셀 수 없이 많다. 여기서 당신은 무엇을 볼 수 있는가?

- 출근길에 만나는 수위 아저씨의 비어져 나온 뒷머리
- 아침 일찍 탕비실에서 만난 생수 배달원과의 가벼운 인사

- 복합기 옆에 어지럽게 흩어져 있는 이면지들

- 서류 뭉치로 정신없는 내 책상, 네 책상

- 안색이 좋지 않은 동료 얼굴

- 보고서를 들고 상사의 방 앞을 서성이는 순간

- 고성과 말싸움이 오가는 메마른 회의실

- 입에 침도 안 바르고 거짓말하는 거래처 담당자

- 열어보지도 못한 수십 통의 업무 메일

- 휴지 떨어진 화장실

- 삼삼오오 자연스럽게 모이는 흡연 장소

- 점심 먹으러 자주 가는 식당의 메뉴

- 먼지만 소복이 쌓인, 한 번도 펼쳐보지 않은 사규집

- 하루에도 몇 잔씩 타 먹는 인스턴트커피

- 마주쳐도 인사 안 하는 후배 녀석

- 한창 바쁠 때 걸려오는 대출 전화

- 몰래 숨어 먹는 냄새나는 간식

- 지저분한 사무실 문손잡이

- 모래알 씹는 것 같은 늦은 저녁 식사

- 야근하다 말고 즐기는 동료와의 수다

- 호출한 지 꽤 된, 오지 않는 밤 택시

……

퇴사를 공부하면 그동안 보지 못했던 것들이 보인다. 공부는 나를 일깨우고 성장하게 하는 원동력이다.

知則爲眞愛(지즉위진애) 愛則爲眞看(애즉위진간) 看則畜之而非徒 畜也(간즉축지이비도축야)

조선 후기 문장가 유한준의 글로 '알면 곧 참으로 사랑하게 되고, 사랑하면 참으로 보게 되고, 볼 줄 알게 되면 모으게 되니 그것은 한갓 모으는 것과는 다르다'라는 뜻이다. 이 글은 유홍준 교수가 《나의 문화유산답사기》에서 "사랑하면 알게 되고 알게 되면 보이나니, 그때 보이는 것은 전과 같지 않으리라"라고 쉽게 풀어서 널리 회자되기도 했다. 공부의 깊이와 넓이만큼 나의 눈과 관심 영역은 확장되며, 이로써 내 주변의 모든 사소한 것들이 하나하나 자기만의 생명력을 갖게 된다. 사소해 보이는 것도 절대 사소한 것이 아니다. 당신이 변하기 시작한 것이다.

2

'나'라는 회사의 재무 상태를 파악하라

[월급]님이 입장하셨습니다.

······

[보험료]님이 입장하셨습니다. 퍼가요~

[카드사]님이 입장하셨습니다. 퍼가요~

[통신비]님이 입장하셨습니다. 퍼가요~

[유흥비]님이 입장하셨습니다. 퍼가요~

······

[월급]님이 퇴장하셨습니다.

한때 온라인 커뮤니티에서 '월급님의 입장'이라는 제목으로 회자되었던 게시글이다. 월급은 통장을 잠시 스쳐가는 바람일 뿐이라며

쓸쓸한 웃음을 짓게 한 이 글을 농담처럼 가볍게 넘기기엔 무언가 마음에 걸린다. 왜냐하면 부정할 수 없는 현실이기 때문이다.

돈은 돌고 돈다. 나한테 들어온 돈도 언젠가는 나간다. 그 돈이 내 수중에 있거나 나갈 때 나로 인해 그 가치를 더할 수도 있고 아닐 수도 있다. "측정하지 않으면 관리할 수 없다"는 피터 드러커의 명언이 아니더라도, 많은 이들이 돈을 관리한다고는 하지만 형식적인 경우가 많다. 해보니 단기적으로 눈에 보이는 성과가 별로 없으니 재미도 반감되고 귀찮기까지 하다. 이러면 안 하느니만 못하다.

회사는 열심히 다니고 일도 누구 못지않게 열심히 하는데 돈이 안 모인다. 턱없이 적은 월급도 문제일 수 있지만 보통은 무계획적으로 돈을 쓰거나 순간의 자제력을 잃어서다. 직장인 대부분의 주 수입은 월급이다. 월급처럼 매월 일정하게 수입이 있는 경우 계획적으로 돈을 사용해야 한다. 그러지 않으면 항상 돈이 모자라고 돈에 쪼들리는 생활을 하게 된다.

특히 요즘은 회사에서 받은 스트레스를 지출로 푸는 경우가 늘어나고 있다. 스트레스를 받지 않았다면 쓰지 않았을 돈, 일명 '시발비용'이 소비 트렌드로 자리 잡았고, 적은 돈으로 소소하게 지출을 즐기는 '탕진잼'도 점점 늘고 있다. 이는 미국의 길거리 경제학 용어인 '퍽 유머니(Fuck you money)'와 비슷한 개념인데, 지속되는 경기 불황으로 개인의 주머니 사정이 나빠지면서 아주 적은 돈으로 소비를 만끽하는 문화 행태라고 할 수 있다. 문제는 가랑비에 옷 젖는 줄 모른다고, 이렇게 지출되는 돈이 모이면 결코 만만한 금액이 아니라는 것이다. 또한 '한 번뿐인 인생인데 오늘만 살자'는 YOLO(You Only Live Once) 족들의 소비 패턴도 직장인들의 소비 트렌드가 되고 있다.

세태가 이러하다 보니 가끔은 자제력을 잃는 것도 문제다. 싼값의 식사를 찾아다니고 커피 값도 아껴가며 차곡차곡 모은 돈이 지름신의 부르심을 받고 한 방에 엄청난 복채로 나간다. 그런데 그 지름신이 시도 때도 없이 강림하신다.

"오늘따라 차 상태가 영 좋지 않다. 저번에 타이어도 다 교체했는데 핸들을 꺾을 때 우두둑 소리가 난다. 없는 시간을 쪼개 정비소에 가보니 앞바퀴를 지탱해주는 지지대가 낡아서 갈아야 한단다. 그런데 문제가 생긴 건 한쪽인데 교체하려면 두 쪽을 다 갈아야 한단다. 가격은 또 왜 이리 비싼가? 이제 보니 애들은 커가고 차는 점점 작아진다. 캠핑이라도 갈라치면 테트리스처럼 짐을 알뜰히 욱여넣어도 한계가 있다. 10년 넘게 탔으니 그만하면 오래 탔고, 애들도 점점 커가는데 큰 차로 바꾸려면 지금이 딱 적기다. 요즘 금융 프로그램들도 잘 나오고. 그래, 바꾸는 거야!"

차에 문제가 생긴 것을 핑계로 눈앞에서 아른거리는 무언가에 홀렸다. 정신을 차려보니 자동차 영업사원이 내민 서류에 이미 사인을 하고 난 뒤다. 순간 후회가 밀려들었지만 딱히 철회하고픈 생각이 없는 건 왜일까?

돈에 대한 인식을 새롭게 하기 위해서는 별도의 공부가 반드시 필요하다. 그리고 그 공부가 제대로 되었는지 확인해줄 수 있는 도구도 필요하다. 아프긴 한데 어디가 아픈지는 잘 모르겠고 몸은 항상 찌뿌둥하다면 가까운 병원에 들러 내 몸을 체크하는 것과 마찬가지다. 건강에 대한 인식을 새롭게 하고 건강을 지켜나기기 위해 주기적으로 받는 건강검진처럼 내 재무 상태도 제대로 체크해야 한다.

내 재무 상태를 알고 나면 다음에 무엇을 해야 할지 자연스럽게 그림이 그려진다. 바로 명확한 재무 목표를 설정하는 것이다. 가깝게는 1년, 퇴사 공부에 필요한 최소한의 시간인 1년 목표를 잡아보자. 퇴사 공부를 마음먹은 나의 가치관이 반영된 제일 첫 단계의 목표를, 현재 내 상태를 기반으로 잡아보는 것이다.

첫째, 수입 목표다.

현재 수입이 월급밖에 없는데 이걸로 무슨 수입 목표를 세우냐고 반문할 수도 있지만, 변화는 생각을 바꾸는 데서부터 시작된다. 직장인이라고 월급만 생각하면 결국 월급만 들어온다. 월급 외에 별도 수입을 잡아보면 마음가짐부터 달라진다. 꿈이 아닌 계획을 잡는 것이다. 목표와 시간을 한정하여 구체적인 액수와 일자를 정한다. 그러면 이를 달성하기 위해 생각을 하게 된다. 현재의 월급을 구체적으로 분할할 수도 있다. 회사의 보상 플랜을 알아보고 이를 얻을 수도 있고, 아니면 내가 만들어서 회사에 당당하게 요구할 수도 있다. 그럴 여건이 안 된다면 나만의 일을 계획하여 따로 진행할 수도 있다. 업무 외 시간이나 주말 등을 활용해서 별도 수입원을 창출할 수도 있다. 물론 되도록 회사 업무와 연관된 범위 내에서 찾아보는 것이 최선이다. 분명히 내가 할 수 있는 일이 있고, 길이 열릴 것이다.

둘째, 지출 목표다.

돈을 쓴다면 잘 써야 하고, 그렇게 하려면 구체적인 지출 계획을 세워야 한다. 목표는 당연히 퇴사를 기준으로 한 1년 뒤다. 이때를 예상해서 무엇을 얼마만큼 언제 지출할 것인지 생각해본다. 여기서도 생각의 변화가 필요하다. 내가 벌어들이는 돈에만 집중하면 지출도 크게 변하지 않는다. 필요하다면 투자를 해야 한다. 일단 공부를 위해 쓰는 돈이 최우선이다. 그런데 돈이 모자라다면 당연히 마련을 해야 한다. 없다면 대출을 받아서라도 투자할 생각을 해야 한다. 단, 모든 공부는 만족을 넘어서 가시적이고 정량적인 성과를 만들어야 한다. 그러지 못하면 헛돈을 쓰는 것과 같다. 필요한 것에 과감히 투자를 하되 반드시 성과를 창출한다. 이렇게 계획을 세우다 보면 당연히 수입을 초과할 수도 있다. 그래도 고민하고 계획을 세워야 한다.

여기까지 한 뒤에는 수입과 지출 목표를 조율한다. 단, 수입과 지출의 목표를 잡을 때 상호 간의 영향을 먼저 생각하면 그 범위 안에서만 움직여서 별 도움이 안 된다. 수입 목표는 오로지 수입만 생각하고 지출을 걱정하지 말며, 지출 목표를 잡을 때에는 수입을 생각하지 말고 지출에만 집중해야 한다. 이렇게 작성된 두 목표 계획을 놓고 비교를 해보면 무언가 연관성이 보인다. 이때 절대로 양보하면 안 된다. 수입을 위해 지출을, 지출을 위해 수입을 양보하면 결국 맨 처음으로 돌아가버린다. 여기서 양보는 미덕이 아니다. 양보는 없다. 내가 할 것은 내가 세운 각각의 목표를 조화롭게 달성하기 위한 생각의 변화다. 특정 지출을 위해서는 거기에 맞는 수입원을 더 만들어야 하고, 어떠한 수입원이 발생하면 그에 합당한 지출에 과감히 투자해야 한다. 현실성이 없다고 생각하면 아무것도 할 수 없다. 무조건 해보는 것이다.

자! 꿈을 꾸고 목표를 정했다면 계획을 세워본다. 계획이 없는 꿈은 그저 허공을 가르는 화살일 뿐 과녁을 맞히지 못한다. 분 단위까지도 관리한다는 생각으로 아주 구체적이고 세부적인 계획을 수립한다. 처음에는 어렵지만 자꾸 하다 보면 익숙해진다. 상세한 계획의 장점은 시간을 효율적으로 사용할 수 있으며 목표 달성의 부담도 줄일 수 있게 된다는 점이다. 그래서 시간이 걸리더라도 오래 고민하고 깊게 생각해야 한다.

우리는 회사 업무를 위한 계획은 정말 잘 세운다. 이것저것 자료를 찾아보고, 필요하면 협업도 하고 상사의 도움도 받아가며 아주 훌륭한 계획을 작성한다. 그런데 나를 위해 계획을 세워본 사람은 별로 없다. 이 세상에서 가장 소중하고 중요한 나를 위해 시간을 투자하고 세세하게 도움도 받아가면서 계획을 세워본 적이 있는가? 아니라면 지금부터라도 해야 하지 않을까?

이 모든 시작은 나로부터다. 가장 먼저 나를 정확히 아는 것이 키포인트! 이제 나는 '개인의 나'가 아닌 '회사로서의 나'가 된다. 그동안 '나'라는 회사를 잘 꾸려왔지만 거의 신경을 쓰지 않았다. 이제부터는 내가 그 회사의 주인임을 다시 한 번 인지한다. 현실 또한 그리 녹록지 않다는 것도 알았다. 그렇다면 그 회사를 위해 거대한 변화의 바퀴를 돌려야 한다. 이렇게 굴리기 시작한 바퀴는 앞으로 절대 멈추지 않을 것임을 나하고 약속해야 한다. 그러기 위해선 회사의 재무 상태를 알고, 수입과 지출을 관리하고, 현금 흐름을 파악해야 한다. 회사의 언어로 나를 관리해야 한다.

내가 세운 구체적인 계획은 '나'라는 회사의 사업계획서이자 미래 전략서가 되고 투자계획서가 될 것이다. 결국 내가 실행할 퇴사 공부의 밑바탕이 된다. 전혀 별개의 이야기가 아니다. 이제 나를 그냥 현재 소속되어 있는, 내가 선택하고 선택받아 들어간 회사의 일원 중 하나가 아닌 '나'라는 회사의 대표로 인식하고 보다 당당해질 필요가 있다.

아직 실감이 나지 않는가? 이는 결코 이기적인 일이 아니다. 죄책

감을 가질 필요도 없다. 단지 그간 몰랐던 나를 찾아가는 일이다. 내가 있어야 회사도 있다. 나의 재무 상태를 파악하고 재무 목표도 세워보자. 그리고 내가 목표로 하는 것과 괴리가 있다면 어떻게 극복할 것인지 구체적으로 계획을 잡아보자. 김밥 파는 CEO로 유명한 김승호 대표는 그의 저서《생각의 비밀》에서 성공은 습관이라고 역설하며, 성공을 위해 좋은 꿈을 현실로 만드는 방법에 대해 이렇게 이야기한다.

"그것은 바로 내가 이루고자 하는 것을 하루에 100번씩, 100일 동안 중얼거리는 것이었다. 내 목표는 명확하고 구체적이었다."

이렇게 그는 목표를 구체적으로 잡고, 가시화하고, 습관으로 만들어 전 세계적으로도 귀감이 될 만한 엄청난 성과를 만들어냈다. 필자도 따라 했다. 매일 아침 나의 목표와 계획을 기록하며 나의 믿음을 확신으로 만들어가고 있다. 당신도 할 수 있다. 바로 지금부터!

3
뒷짐 진 손을 풀고
회사 일에 적극 동참하라

회사에서는 생명력이 다한 직장인을 일컫는 '꼰대'라는 은어가 있다. 꼰대의 기준은 나이가 아니다. 나이는 저마다 달라도 공통점이 있으니, 그렇게 불리는 사람은 자신이 꼰대인지 모른다는 것이다.

"그거 다 알잖아. 대충 해."

"야! 거 시켰다고 바로바로 하면 내가 뭐가 돼? 적당히 뭉개고 있다가 상황 봐서 처리해."

"여러 말 하게 하지 마. 한번 말하면 딱딱 알아서들 해갖고 와!"

"아휴, 거 다 아시면서. 이건 제 일이 아닌 것 같은데, 일단 해주시는 걸로 알고 갑니다."

"다 집합! 너희가 이런 식으로 하니까 내가 계속 욕먹는 거 아냐!"

알게 모르게 많이 들어본 말 아닌가? 물론 나름의 상황도 이해하고 고충이 많으리란 건 알지만, 이런 식으로 하면 아랫사람이나 동료들도 같이 일하기 힘들어진다. 대충 하라는 말을 곧이곧대로 들을 사람도 없겠지만 혹시라도 그랬다간 나중에 곱절로 욕먹고, 상황 봐서 천천히 했다가 더 높으신 분께서 찾는 날에는 허둥지둥 서두르게 되고 이 때문에 열 곱절 욕을 먹는다. 그들은 분명 자기 일이 맞는데도 어떻게든 핑계를 만들어 다른 사람에게, 다른 부서에게 일을 미룬다. 하기도 싫고 책임지기도 싫기 때문이다.

꼰대들의 가장 큰 문제점은 회사 분위기를 망칠뿐더러 수많은 잠재적 꼰대들을 양산한다는 것이다. 물론 그들도 처음부터 꼰대는 아니었을 것이다. 그런데 언제부터인가 어떤 계기로 꼰대의 길에 들어섰다. 아마도 다른 꼰대를 만나서 은연중에 배웠든가, 아니면 열정이, 꿈이, 목표가 사라졌기 때문일 것이다.

이건 그 누구도 아닌 바로 당신 이야기다. 설령 당신이 꼰대가 아니고 당신 위에 꼰대를 모시고 있지 않더라도 당신의 비전, 열정, 꿈, 목표가 어느새 사라졌다면 머지않아 그토록 경멸해 마지않던 그 꼰대가 된다. 당신은 어느 순간 월급도둑이 되고, 매 순간 한발 뒤로 물러서서 자신에게 유리한 상황을 지켜만 보게 될 것이다. 그것이 세상을 살아가는, 회사 생활을 잘하는 자신만의 비법인 양 뿌듯해하면서 말이다.

당신은 퇴사를 결심했다. 퇴사를 공부하기로 했다. 그렇다면 남을 탓하지 말고 내가 먼저 바뀌어야 한다. 이를 위해선 내 마음의 소리를 들어야 한다. 그리고 잊힌 내 꿈을 다시 깨우고 일으켜 세워야 한다. 너무 오랫동안 사용하지 않은 마음의 용광로에서 불씨를 살리기란 정말 어려울 것이다. 이는 제철소를 건설하고 고로에 첫 불을 댕기는 화입식(火入式)과도 같다. 내 가슴을 한껏 부풀리고 뜨겁게 달구는 것! 온갖 정성을 다하고 잘되길 바라는 마음, 그리고 이 불씨를 계속 살려서 꺼뜨리지 않겠다는 다짐과 행동을 해야 한다. 그리고 그 꿈을 이뤄낼 수 있는 목표를 설정하고 시간 계획을 짜야 한다. 회사를 위한 기획이 아닌 나의 미래와 비전을 위한 기획을 하고, 이 모든 것을 한순간에 해낼 수 있는 열정을 계속 지펴야 한다.

이 열정으로 당신의 정신 상태와 마음가짐을 새롭게 했다면 그다음으로 회사에서 당신이 하는 업무를 재검검해야 한다. 무엇보다 마음과 자세를 바꿔 업무를 다시 들여다보고 그에 충실해야 한다. 지금은 꼰대가 아닐지라도 이를 항상 경계하고, 또 경계해야 한다.

자, 그럼 주위를 한번 둘러보자. 나를 비롯해서 내 곁에 있는 도움을 필요로 하는 상사, 동료, 후배가 보일 것이다. 여기서 주의할 점 하나. 내가 먼저 준비되어 있어야 한다. 내가 부자여야 남을 도울 수 있다. 물론 부자가 아니어도 도울 순 있지만 얼마 못 가서 한계에 부딪히고 다시 남들의 도움을 받아야 할 수도 있다. 내가 부자가 되려면 많이 공부하고 많이 배우고 열심히 일하면서 내 역량을 키우는 것이 먼저다. 내가 부족한 상태에서 남을 도와준다는 것은 일종의 오지랖이다. 결국 남 좋은 일만 시켜주고 정작 나는 없어진다.

"이 차장님, 일전에 회의했던 일은 잘되어 가시죠? 제가 뭐 도와드릴 건 없습니까?"
"아, 그렇지 않아도 한 가지 여쭤보려고 했습니다. 이것 좀 봐주세요."
"음…… 이거요. 제가 한번 알아보고 말씀드릴게요."
"감사합니다! 그럼 부탁 좀 드려도 되죠? 제가 술 한잔 사겠습니다."

얼떨결에 받아온 일을 가지고 고민을 하고 있자니 한 대리 얼굴이 붉으락푸르락한다. 우리 부서 일도 아니고 저 부서에서 충분히 할 수 있는 거라면서 말이다. 다 돕고 사는 거 아니겠냐고 말은 했지만 막상 일감을 던져주기도 눈치가 보여 그냥 내가 하고 있다.

도움을 필요로 할 때 내가 먼저 다가갈 수도 있지만 도움 요청을 받을 수도 있다. 이때는 선택이 필요하다. 다만 선택의 결과는 결론적으로 그 요청에 도움을 줄 수 있는 방향으로 귀결되는 것이 좋다. 내가 상황이 안 된다면 누군가를 소개해주거나 참고할 만한 자료를 줄 수도 있다. 마음만 있다면 충분히 도움을 줄 수 있다. 이를 더 잘하고자 한다면 나를 먼저 키우고 세우자. 그러면 한결 여유롭고 자연스럽게 남을 도울 수 있게 된다.

돕는다고 해서 남의 일까지 해주라는 말이 아니다. 일이라는 것이 정말 앞도 뒤도 없이 꽉 막혀 있는 경우는 없다. 어느 정도 진행을 하다 잠깐 막혔을 수도 있고, 다 해놓고도 길을 못 찾아서 헤매는 경우도 많다. 이때 사소한 말 한마디가 그 사람들에게 어둠 속의 빛이 될 수도 있다. 나 스스로 힘을 만들고 그 힘을 나누면 서로 도움을 주고받으며 상생하고 힘을 키워나갈 수 있다. 내 일이라고 생각해보자. 내가 먼저 다가가자. 이 세상에 하찮은 일 하나 없고, 모든 일은 하나로 엮여 있다. 정성을 다해보자.

"드라마 〈겨울연가〉 이후 한류 열풍에서 큰 몫을 해내고 지금도 계속 변화를 이뤄가고 있는 남이섬. 여기에 서울 송파구의 낙엽이 깔린다. 송파구는 가을 겨울에 쌓이는 낙엽을 처리하는 비용과 인력 문제로 골머리를 썩고 있었다. 그런데 남이섬은 지역 특성상 가을이 짧고 겨울이 빨리 오는 탓에 가을의 운치를 제대로 즐길 수 없는 상태였다. 이때 서로의 접점을 발견한 것이다. 송파구는 낙엽 수거 및 처리에 들어가는 많은 비용을 고민하던 차에 낙엽 재활용이라는 방식으로 문제를 해결하고, 남이섬은 버려지는 낙엽을 활용해 운치 있는 조경과 풍광을 꾸미는 방식으로 문제를 해결한 것이다. 2000년 중반부터 시작된 상호 간의 협력은 현재 '송파은행길'로 불리며 남이섬을 가로지

르는 예쁜 길을 만들었다."

작지만 적극적인 발상의 전환이 전혀 무관해 보이는 두 지역의 성공적 협력으로 빛을 발한 위 사례는 준비된 고민이 가져다준 문제 해결의 전범이라 할 만하다. 그런데 이런 사례는 굳이 멀리서 찾을 필요가 없다. 지금 내가 있는 바로 이 자리, 이 순간에도 가능하다. 협업을 하고 누군가를 도와줄 일이 있다면 적극적으로 임해보는 것이다. 이런 일이 쌓이다 보면 어느 순간 내가 무언가를 필요로 하거나 아쉬운 일이 생겼을 때 나도 도움을 받게 된다.

그럼 굳이 이렇게까지 하라는 이유는 무엇인가? 다소 이기적일 수 있으나 이 모든 것이 결국 나를 위하는 길이다. 그렇다고 단순히 나만을 위한 것은 아니다. 보다 능동적인 마음가짐을 가지고 나의 일, 남의 일, 우리의 일을 바라보자는 것이다. 조금만 생각을 바꾸고 자세를 고쳐 앉으면 많은 길들이 보이고, 그 길을 떠나는 맨 앞에 내가 설 수 있다. 귀찮고 힘들다고 생각하면 아무것도 되는 일이 없다.

우리는 일을 정말 열심히 하지만 어찌 보면 다 정성적인 느낌뿐이다. 아침에 출근해서 퇴근할 때까지 업무에 집중하는 시간이 과연 얼마나 되는지 확인해본 적이 있는가? 업무 집중시간제를 운영하든 안 하든 우리나라 직장인의 업무 집중시간은 하루 평균 1.5시간밖에 안 된다고 한다. 출퇴근에 평균 2~2.5시간을 쓰고 이메일 확인과 정리에 2시간, 회의는 3시간 이상을 참석한다고 하니 8시간 근무를 기준으로 따져보면 자기 일에 오롯이 집중할 수 있는 시간이 턱없이 부족한 상황이다. 그런데 이것도 어떻게 보면 남 탓을 하기 위한 핑계일 수 있다.

　내 업무에 내가 충실하다는 것은 짧은 시간이라도 밀도 있게 사용한다는 의미다. 커피 마시고 담배 피우고 동료들과 잡담하느라, 또는 연예, 스포츠 뉴스 웹서핑이나 눈치 보며 몰래몰래 하는 모바일 게임에 아까운 내 시간을 낭비하고 있지는 않은가? 이런 재미도 없이 회사 생활을 어떻게 하느냐고 반문하기 전에 가슴에 손을 얹고 자기 자신에게 먼저 물어보자. 결국은 돌고 돌아 나한테 돌아오는 부메랑이다.

4
이력서를 주기적으로
업데이트하라

'내 이력서를 마지막으로 본 게 언제였더라?'

직장을 준비하거나 옮길 때 필요한 이력서. 양식은 다양하지만 이력서의 핵심은 바로 '이력 관리'다. 그동안 내가 한 일과 성과를 정확하게 기술하는 것이다. 이런 내용은 꼭 이력서가 아니더라도 주간 업무일지나 관련 문건을 통해 따로 관리하고 있을 것이다. 그런데 이력서를 위해 별도의 정리 작업을 해야 한다거나 이력서가 어디 있는지 가물가물하다면 한번쯤 생각해볼 문제다. 내가 언제 무엇을 어떻게 왜 했는지는 몇 개의 주요 사건을 제외하고는 시간이 조금만 지나면 다 잊어버리게 되는데, 이력서는 그것을 정리·요약해주는 열쇠가 되기 때문이다.

직장인의 이력은 회사 생활과 함께 쌓여가지만 그 시간에 비례해서 내가 가진 기술이나 업무 성과도 늘어난다고 장담할 수는 없다. 사안에 따라 몇 년에 걸쳐서 결과가 나오기도 하지만 보통은 연 단위로 평가, 확인한다고 할 때 내가 과연 뭘 했는지 멍하니 뒤돌아볼 때가 한두 번이 아니다. 그렇다면 내 이력서를 꺼내보자. 무엇이 쓰여 있는가? 제일 마지막 줄 업데이트는 언제 했는가? 기억이 희미하다면 지금까지 무엇을 하고 어떤 과정을 거쳐왔는지 간단하게라도 써봐야 한다. 시간이 좀 지났다면 기록하는 데 애를 먹을 수도 있다. 일자까지 정확히 적으려면 더더군다나 힘들 것이다. 이렇게 적고 나면 대부분은 '이제까지 정말 한 것 없네' 하며 기껏해야 회사 옮긴 것 정도만 적혀 있음에 적잖이 당황할 수도 있다.

그래도 괜찮다. 이제부터라도 하면 된다. 이번 기회에 마음먹고 정리해보자. 양식은 상관없고 내가 원하는 방식대로 정리한다. 일단 스프레드시트를 열고, 기준이 되는 칼럼들을 상세하게 나열한다. 번호, 연월일(일 단위까지), 회사, 소속 부서, 직위/직책, 한 일, 담당(주/부), 유관 부서, 이해관계자, 기간, 산출물, 선행 업무(업무 간 연계), 비고를 기록한다. 그리고 한 일들을 하나하나 기억을 더듬어보자. 특히나 오랫동안 회사 생활을 했다면 따로 정리해놓지 않은 이상 많은 부분을 기억 못 할 수 있으나 찾아야 한다. 적다 보면 다양한 관련 정보들이 튀어나올 것이다. 그렇다면 버리지 말고 계속 추가하여 적어본다.

어떤가? 내용이 구체화될수록 더더욱 한숨이 쉬어질 수도 있지만 오히려 뿌듯한 마음이 들지 않는가? 뿌듯한 마음이 든다는 것은 정말 세세하게 다 찾아내어 적어봤다는 것이고, 내가 세운 커리어패스대로 살아왔다는 의미다. 그것만으로도 충분하다. 기존에 관리를 하고 있었든 아니든 간에 세세하게 찾아서 적는 것이 중요하다. 그러면서 내 이력과 경력이 어떻게 시작되어 흘러왔고 앞으로 어떻게 흘러갈지 가늠해볼 수 있으며, 그 속에서 나의 강점, 약점 및 특징을 파악하고 내가 하고 싶은 일을 하고 있는가도 확인할 수 있는 소중한 시간이 될 것이다. 그리고 이 자료를 바탕으로 어떠한 형태의 이력서든지 다 만들 수 있다.

"기억하라. 살아 있다는 것의 유일한 증거는 성장이다. 따라서 자신을 사랑하는 사람으로 성장하는 일을 모른 척하는 것은 '죽은 삶'을 살겠다고 작정하는 것이나 다름없다."

《행복한 이기주의자》라는 책을 쓴 심리학자이자 베스트셀러 작가인 웨인 다이어가 한 말이다. 죽어 있는 삶이 아니라 살아 있는 삶을 사는 증거가 성장이라고 말이다. 즉 우리가 살아 있음에 가슴 벅찬 일은 내가 성장해나가는 것이다. 그동안 학교에서 배운 것들이 나의 성장을 도와주는 기반을 마련해주었다면, 회사는 이렇게 준비된 나의 성장을 실현하는 곳이다. 우리는 각자의 삶을 펼칠 수 있는 곳으로 회사를 선택했다. 회사도 나를 선택했고, 그런 이상 회사에서의 성장은 당연히 해내야 할 나의 의무이자 책임이다. 그러자면 계속 공부를 해야 한다. 공부란 우리가 삶을 마감할 때까지 멈춰서는 안 되는 일이다. 그런데 가슴 뛰는 신입 사원 시절이 어느 정도 지나면 그때 그 마음가짐과 열정은 잊히기도 하고, 의도적으로 외면도 하고, 또는 하고 싶어도 못 하는 경우가 부지기수로 생긴다. 그런데 이런 일들이 벌어질 때마다 남을 탓하고 회사를 탓한다. 기회가 안 돼서, 교육 체계가 엉망이라, 일을 너무 많이 줘서⋯⋯.

"남 차장은 영어를 한마디도 못 했다. 입사할 때의 영어 성적은 그저 시험용 성적일 뿐이었다. 더군다나 소속된 조직에서는 영어를 쓰는 일이 거의 없어서, 따로 공부도 해봤지만 특별히 동기를 가질 수가 없었다. 그러던 차에 해외 지사에 파견할 인력을 내부에서 수급한다는 공지를 듣고는 관심이 생겼다. 지사가 만들어지고 세팅이 될 때까지는 아직 시간이 있다고 판단한 남 차장은 그날로 영어 학원에 등록하고 하루도 빠짐없이 다녔다. 학원 외에 영어동호회도 찾아다니고 길에서 외국인을 만나면 용기를 내어 말도 걸어보면서 자신의 실력을 다져가기 시작했다. 결국 얼마 후 회사에서 지사에 파견할 인력을 선발할 때 그 물망에 첫 번째로 올랐고, 좋은 성적으로 뽑혀서 지금은 자기가 원하던 곳에 나가서 열심히 생활하고 있다."

이렇게 기회란 언제 어느 때든 찾아온다. 이런 기회를 잡는 것은 결국 본인의 몫이다. 그렇게 하기 위해서는 무엇보다도 자기계발을 꾸준히 해야 한다. 회사 내에서 내가 원하는 것이 무엇이고 목표로 한 것이 무엇인가에 따라 다양한 궤적을 그릴 수 있다. 이에 따라 자기계발도 무턱대고 하기보다는 구체적인 계획을 수립하는 것이 좋다. 그리고 다양하게 시도해보면서 매너리즘에 빠지지 않도록 관리하여 소기의 효과를 달성할 수 있게 하자. 그러면서 내가 얼마만큼 성장하고 있는지를 남들에게 보여주기 전에 내가 먼저 알아야 한다. 제대로 성장하고 있는가를 지속적으로 체크하고 기록해야 한다.

다시 말해서 공부를 통한 자기계발은 내 성장의 도구다. 그런데 가끔은 주객이 전도되어 오로지 배우고 익힌다는 데 매몰된 나머지 그 자체가 곧 성장이라는 착각에 빠져서 업무를 도외시하는 경우도 있다. 이는 반드시 경계해야 한다. 배움과 더불어 배움에 대한 결과는 명확하게 가시적으로 만들어야 한다. 그냥 배워서 기분이 좋고 뿌듯했다는 것으로만 끝나서는 안 된다.

계획적이고 구체적이고 꾸준한 자기계발로 만들어지는 나의 이력과 경력은 머릿속에만 담지 말고 기록물로 만들어야 한다. 특히 눈에 잘 띌 수 있게 출력하여 언제나 상기시킬 수 있도록 해야 한다. 나만의 양식을 만들어도 좋고, 아니면 회사의 양식을 빌려서 작성하자. 앞에서 이야기했지만 이를 위해 나만의 백데이터를 만들어야 한다.

준비가 되었다면 앞서 살펴본 것처럼 나의 근무 이력과 진행했던 업무들, 성과 그리고 보유한 여러 가지 기술이나 자격증 등을 일 단위까지 세세하게 적고, 그때 무슨 생각을 했고 어떤 목표를 가졌었는지, 그 목표는 이루었는지에 대한 점검 결과와 문제점을 같이 적는다. 처음부터 마음에 들지는 않을 것이다. 하다 보면 차츰 양식도 업데이트가 될 것이고 내 이력도 업데이트될 테니 조바심을 낼 필요는 없다. 충분히 시간을 가지고 적어보자. 많은 기록을 찾아보는 것도 당연히 해야 할 일이다.

아울러 지금의 기록이 마음에 들지 않는다면, 내가 목표로 하는 모습이 따로 있다면 앞으로 5년, 10년 뒤 내 모습을 상상하면서 미리 이력서를 만들어보는 것도 좋은 방법이다. 연차별·업무별로 그때 되어 있을 내 모습을 적어보는 것이다. 다만 기록할 때 주의할 점은 최대한 상세하게 적어야 한다는 것이다. 이력서는 나의 버킷리스트도 된다. 꿈은 시간과 목표를 설정할 때 이뤄진다. 그리고 이것이 구체적일 때 현실화될 가능성이 크다. 겁내지 말고 적어보자. 당신이 적는 것이 곧 당신의 미래가 된다.

이렇게 적어 내려가기 시작한 이력서는 퇴사 공부를 위한 준비 과정이지만 그전에 나를 다져나갈 수 있는 단초가 된다. 현재의 내 모습과 위치, 앞으로의 미래를 그려가면서 내 역량을 키울 수 있는 수단으로, 자기계발의 도구로 활용할 충분한 가치가 있다. 백데이터는 사안이 있을 때마다 업데이트를 하고, 이력서는 너무 자주는 필요 없지만 분기나 반기 단위로 꾸준히 업데이트한다. 그 주기는 자신의 상황에 따라 설정하면 되고, 연말연초에 실적을 확인하고 계획을 수립할 때 이 이력서를 같이 관리하면 좋다. 회사가 무언가 해주기를 바라지 말고 내가 직접 하는 것이다. 이런 작은 변화가 나를 성장시켜주는 출발점이 된다. 일단 시작하고, 변화를 목표하자. 나의 목표와 회사의 목표를 확인하고 설정하자. 그러면 내 지도는 내가 직접 그려나갈 수 있게 된다. 이제는 이력서의 한 줄이 그냥 한 줄이 아니게 된다.

5

필요하다면 주 무기를
바꿀 수도 있어야 한다

회사에 들어와서 처음 받은 업무가 무엇인지는 대부분의 사람이 기억할 것이다. 그러나 강렬한 인상을 남긴 첫 업무도 시간이 지나면서 점차 희미해진다. 그리고 오랜 시간을 지나 지금에 왔다. 내 자리, 내 위치, 내 업무에 비춰볼 때 당신은 처음에 받은 업무를 계속 하고 있는가, 아니면 바뀌었는가?

지금의 내 모습은 과거의 소산이자 그때 내가 선택한 결정의 결과다. 지금 내가 하고 있는 업무가 나를 대변해주고 있으며, 나는 이 업무의 전문가다. 동의하는가? 매 순간순간 선택을 했고 그 선택이 지금의 나를 만들었음은 그 누구도 부인할 수 없다.

그러나 내 일보다는 다른 좋은 일이 없나 하고 아직도 주변을 서성이고 있다면 준비가 덜 된 상태일 수도 있다. 하지만 지금의 내 자리에서 나를 돌아보고 나를 판단할 수 없다면 이건 좀 다른 문제가 아닐까? 물론 나 자신을 아는 것이 가장 어렵다. 잘 알 것 같기도 아니기도 해서 수많은 이들이 나를 찾아 길을 떠나긴 하지만, 그 길을 떠나지 않고도 나를 찾을 수 있어야 한다. 바로 회사에서 말이다.

등잔 밑이 어둡다고 했다. 굳이 가까운 곳을 놔두고 멀리 갈 필요가 없다. 내 삶의 터전인 회사에는 내가 있고 내 주변에 상사, 동료, 후배가 있다. 이들이 나를 도와줄 사람들이다. 제일 먼저 나의 강점, 약점, 내가 가진 역량에 대해서 솔직하게 생각해보자. 그리고 글로 적어서 보여주자. 맨 먼저 자기 자신에게, 그다음으로는 나의 상사, 동료, 후배에게 말이다.

물론 쉽지 않은 일이다. 하지만 다른 사람의 지시가 아니라 자의에 의해서 하는 일이기 때문에 오히려 더 쉬울 수 있다. 이 일로 너무 창피해하거나 스트레스 받을 필요도 없다. 정 내키지 않는다면 하지 않아도 된다. 당신 마음이다. 단, 나를 좀 더 객관적으로 판단하고 평가받기 위해서는 내가 먼저 문을 열고 다가설 수 있는 용기가 필요하다.

연말연초가 되면 회사는 실적을 확인하고 새해 계획을 수립하고 전략을 짜느라 너무나도 바쁜 시간들을 보낸다. 몸과 마음도 덩달아 분주해진다. 이때 필자는 나 자신에 대해서 똑같이 해봤다. 왜 회사의 실적을 챙기고 미래의 창대한 계획에는 목을 매면서 정작 나에 대해서는 그렇게 하지 못할까 스스로에게 반문하면서 먼저 내가 나를 평가했다. 별도의 도구가 필요하지도 않다. 회사의 문서나 양식을 내게 맞게끔 조금만 수정하면 된다. 그리고 주변 동료들에게 나에 대한 조언과 이미지, 평가 등을 구했다. 다들 이게 뭔가 싶어 약간은 어색해하기도 했지만 정성스럽게 작성을 해주었다.

이런 자료들과 함께 회사에서의 나에 대한 평가나 평판을 토대로 나를 제3자의 시각에서 객관화시킬 수 있었다. 특히 애정이 있는 상사라면 혼을 내서라도 쓴소리로 나를 다독여주었다. 이런 가운데 필자의 강점, 약점, 역량을 파악해갔다.

'아, 내가 이런 면이 강점이네. 내 생각과 다른데? 음…… 이게 약점이라고? 관점에 따라 반은 약점이고 반은 강점이지. 그럼 이건 강점으로 만들어야겠다. 요건 약점이지만 그대로 가져가도 되겠는걸? 약점도 나쁘잖아! 그래, 내 역량이 이렇단 말이지? 아하! 이건 미처 몰랐네. 오케이! 알았어!'

환경은 저마다 다르지만 회사의 기준에 근거한 나의 역량은 내가 제일 잘 안다. 위와 같은 과정을 거치면 더욱 잘 알게 된다. 그리고 내 역량 중 무엇이 핵심 역량인지, 그것이 회사가 원하는 핵심 역량인지도 내가 가장 잘 알고 있다. 그렇다면 나의 핵심 역량에 만족하는가? 내가 만족할 수준으로 내 역량을 키워왔는가? 기업들도 고유의 핵심 역량을 정의하고 이를 키우기 위해 무던히도 노력하고 있다. 선택과 집중을 위해 핵심 역량만 빼고 모든 것을 아웃소싱하라는 말은 개인 입장에서도 마찬가지다. 나만의 핵심 역량을 명확히 했을 때 이에 대한 보상도 같이 따라올 수 있다.

핵심 역량을 가진 핵심 인재로서 이를 강화하고 확장할 수 있는 방법은 무엇일까? 핵심 인재는 업무에 대한 전문성을 확보하고 실행으로써 남다른 성과를 낸다. 이는 가시적인 실적을 의미하며 이를 통해서 합당한 보상을 받을 수 있다. 전문성은 내 업무에 대한 높은 수준의 지식과 경험을 바탕으로 하며, 이는 대체 불가능해야 한다. 개인적 전략화와 직무 핵심화가 필요하다. 그런데 이를 좌지우지하는 가장 중요한 기반은 태도다. 즉 일이 아니라 사람이 먼저라는 말이다.

'Attitude = 100의 법칙'이라는 것이 있다. 잡코리아의 안현희 컨설턴트가 제안한 이 법칙은 알파벳 A부터 Z에 각각 1에서 26까지 순차적으로 숫자를 부여했을 때 'Attitude'를 숫자로 치환하면 A = 1, T = 20, T = 20, I = 9, T = 20, U = 21, D = 4, E = 5이고, 이를 모두 더하면 Attitude = 100, 즉 태도가 모든 것이라는 의미다. 태도는 업무에 대한 무한한 열정으로 창의적인 문제 해결과 변화를 선도하는 가장 중요한 요소이며, 대부분의 회사가 지향하는 핵심 인재상과 맞닿아 있다.

이처럼 올바른 태도 위에 세워진 핵심 역량은 그만큼 튼튼하다. 내가 얼마만큼 외연을 넓힐 수 있는가는 순전히 자신의 몫이다. 스스로 정의하고, 선택과 집중으로 큰 그림을 만들어가자. 서두르지 말고 하나씩 해나가다 보면 핵심 역량은 그 깊이와 폭을 넓혀갈 수 있다. 처음부터 좁게 정의할 필요가 없다. 전혀 별개로 보이는 전문성이라도 결국에는 하나의 뿌리에서 만나게 되는데, 내가 하는 업무를 통해 쌓아가는 지식과 경험은 얼마든지 다른 영역으로도 확장될 수 있다. 이것이 나의 가치를 높여가는 가장 손쉬운 방법이다.

필자는 주변에서 훌륭한 동료들을 많이 봐왔다. 모두에게 주어진 같은 시간을 힘든 업무에도 아랑곳없이 알차게 쓰는 친구들. 그중에는 대학교에서 부전공을 하듯 다른 업무에도 관심을 기울이면서 열심히 시도하다가 아예 자신의 주 직무를 바꾸는 경우도 많다. 핵심 역량을 따로 준비하는 것이 아니라 회사 생활을 하면서 업무를 넓혀가는 방식으로 얻은 것이다. 이들은 여러 가지 일을 처리해가면서 업무 간의 관계와 영향, 어떤 식으로 일이 흘러가는지를 파악하고, 더 나아가 개선할 점과 업무 효율을 높일 수 있는 방식을 고민하는 가운데 업무를 보는 시각을 고도화했다.

사실 우리 주위에는 그저 내 일만 열심히 하면 된다고, 그것만 제대로 하기도 벅차다고 말하는 사람들이 대부분이다. 그 또한 개인의 생각이고 선택이니 옳다 그르다 따질 문제는 아니다. 누구든 때가 되면 선택의 결과에 따른 답안지를 받게 된다. 업무 영역을 넓히려고 시도하기보다 자기가 맡은 일을 제대로 해내는 데만 만족한다면 시간이 지나도 제자리걸음일 것이다. 그러나 내가 하는 일을 넘어 회사 전체를 보는 눈을 기르기 위해 노력한 결과는 남다를 수밖에 없다.

도전과 경험은 지도를 볼 수 있는 넓은 시각을 가져다준다. 이미 자기 손에 나침반을 들고 있으니 가고 싶은 곳을 찾아볼 수 있다. 남이 가라는 곳도 찾아볼 수 있다. 내 일에만 매몰되어 있으면 지도를 볼 수 없다. 내가 있는 곳이 어디쯤인지, 그곳이 좋은지 나쁜지도 모른다. 나를 알게 되었다면 내가 어디 서 있는지 알아야 하고, 내 주변에 어떤 곳들이 있는지도 알아야 한다.

그럼 다른 곳을 가고 싶다면, 누군가가 다른 곳으로 가라고 하면 어떻게 해야 하는가? 이 또한 닥치면 그때 할 것이 아니라 미리미리 준비를 해보면 어떨까? 준비가 되어 있어야 한다는 것이다. 이미 여기서 목적지까지 거리와 방향을 확인했다. 가는 도중에 강을 건너고 산을 넘는다는 것도 안다. 지도상의 거리이기 때문에 실제 거리가 얼마나 될지도 다 계산할 수 있다. 목적지까지 여러 루트를 미리 확인해보고 최상의 루트를 개척할 수 있다. 그러면 갈 때가 되었을 때 갈 수 있다.

필자는 소프트웨어 개발자 출신이다. 10여 년 넘게 고객 사이트를 돌며 수많은 프로젝트를 수행했다. 그러던 어느 날 모시던 상사가 기획 업무를 해볼 생각이 없냐며 의향을 물어왔다. 쉽지 않은 결정이었지만 결정하기까지 오래 걸리지는 않았던 것 같다. 물론 오래전부터 비슷한 고민과 생각을 해온 터였다. 다만 개발과 기획이라는 전혀 다른 직무에 대한 이질감과 과연 할 수 있을까라는 불안함, 가본 적이 없는 길에 대한 두려움과 한번 옮기면 앞으로 개발을 못 할 텐데 하는 걱정이 가장 큰 걸림돌이었다. 그러나 일단 선택하고 몸을 맡겼다. 지금에야 알게 된 사실이지만 개발과 기획은 전혀 별개가 아니다. 그런데도 단순하게 이분법적으로 사고했던 내가 어리석었던 셈이다. 그리고 그때의 무모한 도전이 얼마나 의미가 있었는지 이제는 안다. 나보다 앞서 직무를 바꿨던 동료들이 얼마나 대단한지 새삼 감탄하게 된다.

이처럼 필요하다면 직무도 바꿀 수 있다. 꼭 바꾸라는 것이 아니라 바꿔야 할 때도 있다는 것이다. 이는 내 핵심 역량을 버리는 일이 아니라 더 강화시키고 넓히는 일이다. 내가 원해서도, 남들이 인정해서도 둘 다 맞다. 기회가 온다면 두려워 말자. 당신은 이미 준비가 되어 있다.

6
어떤 상황에서도 포커페이스를 지켜라

퇴사 공부를 마음먹은 당신! 그동안 마음속으로만 품었던 생각들을 꺼내어 하나둘 구체화하다 보니 내가 살아 있음을 느끼고, 가슴 한편에 작은 불씨가 다시 타오르는 것을 느낀다. 그런데 우리 주변에는 이런 불씨를 쉽게 꺼버리는 외풍이 너무 많다. 어렵게 살린 이 소중한 불씨를 지키기 위해서 내가 할 일은 내 업무로 퇴사 공부를 하는 것이다. 이렇게 하면 시간을 따로 내지 않아도 되고, 공부하는 것을 숨기지 않아도 된다. 그렇기 때문에 내 업무의 전문성도 높아지고 회사 생활이 점점 재미있어진다. 단, 퇴사 공부가 업무에 지장을 주거나 이로 인해 업무를 등한시하는 것은 금물이다.

따로 시간을 내지 않아도 된다는 것은 시간을 그만큼 절약할 수 있다는 말이다. 1년이라는 시간은 보기에 따라 많을 수도 있고 적을 수도 있다. 우리가 회사에서 보내는 시간은 하루에 최소 8시간 이상인데, 뭔가를 공부한다고 하면 대부분은 업무 외 시간을 활용한다. 물론 그 시간을 활용하는 것도 중요하지만, 만약 업무 시간에 퇴사 공부를 병행한다면 그것은 엄청난 장점이다. 이는 남이 주는 혜택이 아닌 내가 나에게 주는 혜택이다. 1년에 1천 시간을 할애한다고 해도 하루 평균 4시간은 따로 시간을 내야 하는데, 온전히 하루 8시간을 공부에 할애한다면 1년에 2천 시간도 투자할 수 있다.

회사에서는 자기계발을 위해 공부하려면 공식적인 허락이 필요하고, 회사 교육제도를 활용한다 해도 업무 시간에서 자유로울 수 없다. 바쁜 업무에 교육을 가는 것도 마음이 편치 않다. 이런 상황에서 업무와 무관한 공부라도 하려면 제약이 너무 많다. 그런데 퇴사 공부는 내 업무를 하는 것이기 때문에 숨길 필요도, 굳이 티를 낼 필요도 없다. 오히려 칭찬받아 마땅한 일이다. 물론 공부한다고 이야기는 하지 않을 것이다. 남들이 볼 때 평소보다 일을 더 열심히 하는 정도로만 느껴질 수도 있다. 그러나 나는 업무를 공부하는 것이다.

업무를 열심히 하니 내 역량은 자연스럽게 강화되고 업무의 전문성이 배가된다. 평소에도 이를 위해 노력하지만 더 많은 관심과 열정이 속도를 높여주는 것이다. 게다가 내 업무뿐만 아니라 다른 사람, 다른 부서, 더 나아가 회사 전체의 업무를 보고 생각하면서 일을 하니 빠른 시간 내에 핵심 역량을 드높이고 다른 역량들도 핵심 역량화할 수 있는 계기가 된다. 이것이야말로 일석이조가 아닐 수 없다.

　또한 업무에 대한 생각과 태도를 바꾸면 일이 재미있어진다. 회사
는 일을 하러 오는 곳이다. 물론 일 이전에 사람이 있지만 일에서 재
미를 잃게 되면 회사 다니는 의미를 상실할 수도 있는데, 일이 재미있
다. 잊혔던 예전의 열정이 되살아나고 다시 신입 사원이 된 듯한 느낌
도 든다. 그러다 보니 점점 더 열심히, 스마트하게 일을 하게 되고, 그
영향으로 인간관계도 점점 좋아지는 것을 느끼게 된다. 재미를 통해
서 여유가 생기고 능력이 생기는 것은 당연한 일이다. 모든 것이 단방
향이 아닌 양방향으로 선순환이 되면서 막힌 것이 뚫리고, 이런 흐름
은 더욱 강하고 빠르게 연결된다.

퇴사 공부, 1년이면 충분하다

　　　　　　　　　　이렇게 시간을 보내다 보면 1년은 정
말 짧다. 쓸데없이 시간을 낭비하지 않고 몰입할 수 있기 때문에 1년
이라는 시간이 상대적으로 빠르게 지나간다. 시간의 흐름과 함께 내
가 성장하는 것도 느껴진다. 나를 바라보는 동료, 상사, 후배들의 눈
빛에서도 이를 느낄 수 있다. 생각 한번 바꾸고 태도 하나 고치고 목
표 하나만 세웠을 뿐인데, 그로 인해 시작된 변화는 더 이상 멈출 수
없는 큰 흐름이 되어 흘러가게 된다.

이때 자만은 금물이다. 자만하는 순간 성장은 멈추고, 자기 스스로를 높이며 남과 비교를 하게 된다. 대부분의 사람은 이런 상황에서 우쭐해지게 마련이다. 만족을 하면 그것으로 끝이다. 만족은 성장을 멈출 뿐만 아니라 역성장을 불러온다. 퇴보다. 챔피언에 도전하는 것보다 챔피언이 그 자리를 지키는 것이 더 어렵다고 하지 않던가. 노력과 성장을 멈추는 순간 금세 제자리로 돌아오게 되고, 다시 올라가기 위해서는 그전보다 훨씬 더 많은 시간과 노력을 쏟아야 한다.

만약 스스로 느끼기에 많이 부족하다 싶어도 너무 걱정할 필요는 없다. 그렇게 느꼈다는 것이 중요하다. 시작이 반이라고 이제부터 시작하면 된다. 사람은 결심하는 그 순간부터 바뀔 수 있다. 그 끊기 힘들다는 수십 년간 피워오던 담배를 하루아침에 끊는 것도 마음먹기 나름이다. 부족하면 이제부터 하면 된다. 그 시간을, 1년의 시간을 온전히 나를 단련하고 성장시키는 데 투자한다 생각하고 실행해보자. 나의 작은 변화가 주변을 변화시키고 부서를 변화시키고 회사를 바꿀 수 있다. 왜 회사가, 부서가, 주위 동료가 이 모양이냐고 불만만 토로하지 말고, 나의 변화로 모든 것을 하나씩 바꿔가자.

업무에 충실하고 내가 정한 시간을 지켜가면서 늘 붙들고 가야 할 태도를 하나 꼽는다면 바로 '신독(愼獨)'이다. 신독은 홀로 있을 때에도 선하게 되려는 자세, 누가 보지 않아도 내가 하고자 하는 것을 그대로 실천하는 바를 말하며, 이는 곧 성의다. 1년의 시간은 지나보면 금방이지만 지나는 동안에는 힘들 수 있다. 그럼에도 이를 참고 이겨 낼 수 있는 것은 초심을 잃지 않고 끝까지 해내고자 하는 힘과 신독에 있다고 해도 과언이 아니다. 신독은 결코 성인군자나 의지가 남다른 사람들만의 몫이 아니다. 내가 결심했기 때문에, 누가 시켜서 하는 것이 아니기 때문에 우리 모두가 신독을 자연스럽게 행할 수 있다.

마지막 순간에 웃는 당신이 진정한 승자다

무리 없는 일의 시작과 마무리는 언제나 입에서 비롯된다. 사람은 말이 많아지면 반드시 실수하게 되어 있다. 무언가 비밀이 있을 땐 누군가에게 전하고 싶어져서 입이 근질근질하다. 말을 못 하면 몸짓으로 드러난다. 이 모든 것이 하나다. 생각 하나로 나를 바꿀 수 있지만 생각에 내가 휩쓸려서는 안 된다. 나 스스로를 지키는 방법은 매사에 조심하는 것뿐이다.

특히나 퇴사를 공부한다면 우선은 퇴사를 고려했을 터. 퇴사한다고 마음먹는 순간 마음이 회사를 떠날 수 있다. 이것을 붙잡아야 한다. 앞뒤 보지 않고 사표를 던질 것이 아니라면 반드시 마음 단속을 해야 한다. 그래야 일이 있고 사람이 있다. 단속하지 않으면 마음이 안정되지 않아서 일을 등한시하게 되고, 그러다 보면 일을 망치고 결국은 나도 다친다. 마음을 떠나보내지 말고 기둥에 단단히 묶은 다음

입을 다물고 표정을 관리하자. 내가 퇴사한다는 것을, 퇴사하겠다는 생각을, 마음을, 누구에게도 들키지 말고 혼자만의 비밀로 간직하라. 때가 되면 자연스럽게 알게 될 일이다. 준비가 다 끝나면 그때 알려도 절대 늦지 않다.

"이 대리는 회사에서 일 잘하기로 소문난 친구다. 일도 똑 부러지게 하고 사람도 좋아서 주변에 동료들이 많았다. 그런데 언제부턴가 회사를 그만두겠다는 이야기를 입버릇처럼 하고 다녔다. 처음에는 휴식 시간이나 술자리에서 흔히 하는 농담 정도로만 받아들였는데, 똑같은 이야기를 계속 하고 다니니 사람들도 농담으로 받아들이지 않는 상황까지 갔다. 회사 분위기도 호의적이지 않았다. 그러던 어느 날 맡은 업무 하나를 끝내면서 그간의 불만을 토로하며 회사를 관두겠다고 선언했다. 이를 들은 상사는 다시 물어봤고, 정색하면서 그만두겠다고 하기에 정말이구나 싶어 상부에 보고하고 이를 기정사실화해 버렸다. 나중에 이 사실을 알게 된 이 대리는 농담일 뿐이었다며 항변했지만 이미 돌이킬 수 없는 상황이 돼버렸다. 일을 잘하고 못하고를 떠나서 이미 신뢰를 잃은 상황에선 어떻게 해도 다 변명일 뿐이었다. 결국 이 대리는 원치 않은 퇴사를, 자신이 말한 대로 하게 되었다."

적어도 이런 실수는 하지 말자. 퇴사는 이를 위한 준비와 정리가 모두 끝난 뒤의 마무리 절차이자 유종의 미를 거둬야 하는 의식이다. 입사는 퇴사로 귀결되고, 퇴사는 끝이자 새로운 시작이다. 퇴사를 함부로 농담처럼 이야기하지 말자. 말이 씨가 되지 않도록 말도 조심하고 행동도 조심하자. 남에게 속마음을 들키지 말자. 표정에 모든 것을 드러내는 우를 범하지 말자. 이것도 실력이다. 속마음은 맨 나중에, 때가 되었을 때 내보이자. 그리고 마지막 순간, 내 뜻대로 되었음에 활짝 웃어보자.

7

당신의 역량 계발에
상사를 참여시켜라

회사는 개개인으로 이뤄진 조직이다. 회사 일은 사람이 한다. 목표를 명확하고 일관되게 맞추려고 서로 노력하는 것이 회사이고, 이 과정에서 업무를 통해 내 역량을 하나둘씩 보유하게 된다. 내가 열심히 하는 만큼 내 역량도 발전한다. 다만 그 역량은 단기간 내에 쌓이지 않는다.

그런데 짧은 기간 내에 역량을 획기적으로 높이는 방법이 있다. 첫째는 나보다 앞선 사람, 즉 선배나 상사에게서 배우는 것이다. 나보다 회사를 먼저 경험하고 지냈다는 것은 내 입장에서는 매우 훌륭한 베스트 프랙티스(Best Practice)다. 사람마다 조금씩 차이는 있을지라도 대부분의 상사나 선배는 무궁무진한 배움의 보고다. 이런 인연을 잘 만나는 것도 어찌 보면 인복이라고도 할 수 있지만, 내가 직접 찾아

나서서 기회를 만들고 같이 고민할 자리를 만드는 것이 중요하다.

둘째는 다른 이를 가르치는 것이다. 배우려는 자세는 매우 바람직하지만 역할상 수동적일 수밖에 없기 때문에 생각이나 행동에 한계가 있다. 아무리 좋은 교육이나 가르침도 당시 받았던 열정이나 감동을 계속 상기하지 않고 현실에 적용하지 않으면 일주일도 못 되어 대부분 잊힌다. 그럼 내가 선생이 된다면? 누군가를 가르치는 사람이 되면 정반대의 입장이 된다. 선생은 배우는 사람 이상으로 공부를 해야 하고, 먼저 예습을 해야 한다. 그렇게 해도 항상 부족하고 힘들지만 효과는 매우 좋다. 남들에게도 도움이 되지만 그전에 나 스스로를 배우게 할 수 있다.

다만 회사에서 선생 역할을 해볼 수 있는 기회는 그리 많지 않고, 있더라도 단발성에 그치기 쉽다. 그러나 상사나 선배는 항상 내 곁에 있다. 그의 업무 스타일이나 방식이 나와 맞지 않을 수도 있고, 아랫사람을 대하고 단련시키는 방법도 저마다 다르다. 그래서 내가 직접 나서야 하는 것이다.

역시 제일 좋은 것은 상사가 내 업무에 관심을 갖게 하는 것이다. 그런데 상사는 바쁘다. 일일이 찾아가서 도움을 청할 수가 없다. "이것은 내가 모르니 당신이 다 알려줘야 되는 것 아닙니까?"라는 태도를 취할 것이 아니라, 내가 할 일은 충분히 공부하고 소화하되 필요한 부분에 대해서는 조언자로서 상사를 활용하자는 것이다. 그러기 위해서는 내가 맡고 계획한 업무를 어떻게 진행할 것인지에 대한 기획이 우선이다. 받는 즉시 즉흥적으로 진행하기엔 그리 간단한 업무들이 아닐 수 있으니 세부적인 기획이 필요하다. 이를 기반으로 전체적인 틀에 맞춰서 진행을 하고, 일정 관리를 하면서 상사가 원하는 일자에 피드백을 하고 수시로 보고하자. 그리고 궁금한 점은 단순히 질문만 하는 것이 아니라 그에 대한 나름의 대안도 같이 마련하여 의견을 개진할 수도 있다.

즉 상사를 적극적으로 괴롭혀야 한다. 혹시라도 귀찮게 군다고 혼이 나거나 찍힌다면 그런 상사는 상사가 아니다. 대부분의 상사는 오히려 반길 것이다. 짧은 시간에 핵심 요소들을 확인할 수 있게 하고 내가 조금씩 성장하는 모습을 적극적으로 보여주면서 피드백을 하면 상사도 분명 호의적으로 반응할 것이다. 단, 반드시 물어보기 전에 보고하라. 답은 회사 안에 있고 나한테서 매우 가까운 곳에 있다. 모든 것을 혼자 해결하는 것은 좋은 방법이 아니다. 내가 업무의 주도권을 쥐되, 나의 지원군으로서 상사를 적극 참여시켜야 한다.

그런데 상사는 보통 친근한 대상이기보다는 업무적 수직 관계의 위에 서 있는 사람이다. 아무리 "내 방은 항상 열려 있으니 언제든지 들어오세요!"라고 귀가 닳도록 이야기한들 그 방을 노크하는 사람은 거의 없다. 상사를 대하기란 말처럼 쉽지 않다. 그래서 상사와의 관계적 괴리가 걸림돌이 되기도 하고, 일을 함에 있어서 감정적인 피로

감을 불러일으키기도 한다. 이는 아랫사람이 느끼는 조직 내에서의 상하 관계를 극명하게 보여준다.

KPMG 인력개발소통부 부사장인 브루스 포는 신세대든 기성세대든 직장인으로서 진정 원하는 바는 다르지 않다며 그 공통점에 대해 이렇게 이야기한다.

"내가 자부심을 가지고 일할 수 있는 조직인가? 내 상사는 전문성과 성실성과 비전을 가진 롤모델인가? 내가 이 직장에서 내 능력을 발휘해 성장할 수 있는가? 재정적 보상이 공정할 뿐 아니라 조직 문화면에서 구성원을 인간적으로 존중해 대우하는가? 일 자체가 재미있고 할 만한가?"

이처럼 서로가 원하는 바가 같다고 할지라도, 많은 기업들이 이를 대처하는 자세와 풀어나가는 방법에 있어 세대 차이를 느끼고 서로가 서로를 이해하지 못하는 조직적 한계 상황에 처해 있다. 근래 한국의 조직 문화가 많이 변화하고 있다고는 하나 아직도 상명하달의 수직적 체계를 무시할 수 없는, 주로 상사가 일방적으로 아랫사람에게 지시하고 명령하는 형태를 크게 벗어나지 못하고 있다. 그러다 보니 업무를 지시받는 아랫사람은 '상사병'을 앓고, 상사가 변하지 않는 이상 아랫사람으로서 할 수 있는 방법은 의외로 많지 않다. 다만 상사와의 관계 이전에 자신이 목표한 성장을 위해서라면 몇 수 앞을 보고 이런 상황도 견뎌내는 것이 자신을 단련시키는 방법이라고 할 수 있다.

상사도 사람이다. 생각을 바꿔서 상사를 상사의 입장에서 이해해보는 것이다. 이런 경우 정말 문제가 있는 몇몇을 빼고는 정확하게 원하는 것을 알 수 있게 된다. 처음부터 잘되지는 않겠지만 꾸준히 시도를 하다 보면 나의 고객으로서 상사를 대할 수 있게 되고 객관적으로 볼 수 있게 된다. 이때쯤 되면 상사와도 어느 정도 눈높이를 맞추면서 처음과는 달리 나름의 해법을 얻을 수 있다.

그런데 상황에 따라 극복되지 않는 것들이 분명 있고, 정성과 노력을 기울였는데도 해결의 기미가 보이지 않는다면 바로 결정하기 전에 충분한 고민과 상담이 필요하다. 그러고 나서 결정해도 늦지 않다. 그러나 이런 경우가 아니라면 방법은 안에서 찾아야 한다. 스트레스가 없는 삶은 의미도 성장도 없다고 한다. 그러니 스트레스를 배움의 기회로 삼아보면 어떨까? 세 사람이 함께 길을 가면 그중에는 반드시 나의 스승이 있다는 말도 있지 않던가. 그 사람이 나를 힘들게 하는 상사라면 더더욱 잘 보일 것이다. 결코 쉽진 않겠지만 배워보자는 마음을 갖자. 나를 성장시키는 좋은 기회라 생각하고 부딪혀보는 것이다. 시도도 해보지 않고 피하는 것은 옳지 않다. 부딪혀야 정답이든 오답이든 나온다. 더도 말고 덜도 말고 딱 1년을 기한으로 잡고 적극적으로 다가서면 분명 답을 얻게 될 것이다.

퇴사 공부, 딱 1년이면 된다

당신이 목표로 한 역량은 무엇인가? 그중 가장 중요한 무기로서의 핵심 역량은 무엇인가? 지금 어느 정도 수준에 도달했고 어디쯤 왔는가? 앞으로 그 역량을 어디까지 키워갈 생각인가? 그 역량을 객관적으로 평가받을 수 있는 기회가 있었는가? 평가를 받았다면 남들도 그 역량의 가치를 알아보고 인정을 해주는가? 솔직히 이 역량을 가지고 당장 어디로든 나가서 써먹을 수 있는가?

내 역량은 내가 가장 잘 안다. 내가 가장 잘 알아야 한다. 이것이 우선이다. 그리고 역량은 나 혼자서 절대 키울 수 없다. 내가 주도하지만 주변의 도움 없이는 절대로 그 깊이와 넓이를 키울 수가 없다. 나와 상대방의 끊임없는 소통만이 살아 있는 지식과 경험으로서 나만의 역량을 결정짓게 해준다. 이를 좀 더 빠르게 이루고자 한다면 나의 상사를 내 플랜에 참여시키자.

'나'라는 독보적인 브랜드를 만들어라

필자는 왼손잡이다. 그것도 글씨는 오른손으로 쓰고 밥은 왼손으로 먹는, 양손잡이에 가까운 왼손잡이가 아니라 순도 100%의 왼손·왼발잡이다. 내가 기억하는 가장 어린 시절의 한 장면은 손수건으로 팔이 묶여 있는 모습이다. 왼손을 못 쓰게 하기 위한 어머니의 교육지책이었다. 나는 풀어달라고 떼를 썼다. 나에게 왼손은 고집이었다.

요즘은 세상이 변해서 양손쓰기도 장려하고 일부러 왼손을 쓰기도 하지만, 어렸을 적만 해도 왼손잡이는 주변의 편견 어린 시선에서 벗어나지 못했다. 친구네 놀러 갔다가 왼손 쓰는 것을 본 친구 어머니에게 엄청 혼이 나기도 했으니까 말이다. 군대에서는 정화통이 오른쪽에 달린 방독면이 없어 고생했고, 사선(射線)에서 엎드려 쏘는 자세를 취하다 옆 전우와 발이 겹쳐 눈에 보이지 않는 신경전을 벌이기도 했다.

가끔 TV에서 전 미국 대통령들, 빌 클린턴이나 버락 오바마가 집무실에서 사인을 하는 장면이 나올 때면 뭔가 불편해 보인다 싶어 자세히 보다가 '아, 왼손잡이구나' 하는 친근감에 TV 앞으로 더 다가서곤 한다. 이렇게 나는 왼손잡이로 살아왔고, 사람들은 나를 왼손잡이라고 불렀다. 그런데 내가 왼손을 쓰는 것은 내 선택의 결과다. 오른손으로 바꿀 수도 있었지만 굳이 그러고 싶지 않아서 왼손을 고집했다. 왼손잡이는 내가 태어나서 지금까지 끊임없이 결정하고 선택한 결과물의 중의 하나인 셈이다. 이는 나의 내면을 비롯하여 그간 내가 만들어온 여러 공부의 결과도 마찬가지다. 내가 좋아하는 것, 싫어하는 것, 잘하는 것, 못하는 것 등이 모여서 나를 결정 짓는다. 이 모두를 종합해서 사람들은 나에게 이름을 붙인다. 그 이름은 꼬리표가 되기도 하고, 좋든 싫든 나를 특징짓는 또 하나의 이름, 브랜드가 된다.

브랜드는 나의 노력 여하에 따라 붙여지기도 한다. 공부를 열심히 해서 유명 대학교에 들어가면 학교 이름이 붙은 학생으로 불린다. 이름만 대면 알려진 기업에 입사를 하면 사람보다 회사명이 앞선, 그 회사를 다니는 사람으로 브랜딩이 된다. 하지만 정작 중요한 것은 학교나 회사의 간판이 아니라 내가 무엇을 하느냐다. 내가 좋아서 하는 일, 재미있어서 하는 일로 취미와 업무를 벗어나 그 분야의 전문가로 점점 성장하고, 그에 따라 그 분야의 대표적인 사람으로 불리면서 독자적인 자기만의 브랜드를 얻게 된다. 내가 그 브랜드를 가지기 위해서 노력했기 때문이라기보다는 일을 통해서 자연스럽게 만들어지는 브랜드인 것이다.

지금 남들은 당신을 뭐라고 부르는가? 혹은 당신은 남들에게 어떻게 불리고 싶은가? 지금 불리는 모습은 그간 당신이 만들어온 당신만의 브랜드이며, 앞으로 불리고 싶은 모습은 이제부터 만들어가야 할 브랜드다. 지금 다니고 있는 회사에서는 당신을 무엇이라고 부르는지도 궁금하다. 신입 사원은 아직 자리를 잡아가는 과정에 있으니 특정된 이름이 없을 수도 있지만, 경력 사원이라면 자신이 맡은 직무를 중심으로 불리는 이름이 있을 것이다.

내가 맡은 직무에 열정을 가지고 전문성을 더해가다 보면 그 분야에서 무슨 이슈가 생기거나 그 일에 정통한 누군가를 찾거나 또는 회사 밖으로 소개를 할 때 자연스럽게 이름이 생길 것이다. 이걸 누구에게 물어봐야 하는지, 이 일을 누구에게 맡겨야 하는지를 두고 논의가 오갈 때 직원들 사이에서 대번 불리는 이름.

회사 생활의 활력소에는 업무 외에도 취미나 동호회 활동이 포함된다. 부서는 달라도 평소 특정 분야에 남다른 조예나 전문성을 갖춘 사람들이 공통의 관심사로 모여 같이 하는 활동. 비록 회사 업무와 직접적인 연관은 없더라도 이런 활동을 통해 서로를 잘 알게 되고, 결국에는 일에서도 서로 도움을 주고받는 관계로 발전할 수 있다. 이런 일을 해야 하는데 그때 보니 그 부서의 누군가가 일 잘하더라 하면서 얻게 되는 이름.

이름은 불려야 의미가 있다. 그리고 이름에는 힘이 있다. 그 힘을 어떻게 쓸 것인가는 그 이름으로 불리는 사람의 몫이다. 부모님이 지어주신 이름이 아닌 다음에야 내가 만들어낸 후천적인 이름은 또 하나의 책임과 의무를 내포하게 된다.

지금 그런 이름이 없다고 의기소침하거나 불안해할 필요는 없다. 아직 내가 관심이 없었거나 하고자 하는 힘을 발휘하지 않았기 때문이니까. 이러한 이름, 브랜드를 만들기 위해 필자가 개발한 방법이 하나 있다. 내 프로필을 써보는 것이다.

프로필은 흔히 이력서나 자기소개서, 경력기술서를 쓸 때 작성해본 경험이 있을 것이다. 하지만 그때 빼놓고는 써볼 일이 거의 없었을 것이다. 그렇다면 지금 바로 A4지 한 장을 꺼내서 반 장 정도의 분량으로 자기를 홍보할 수 있는 프로필을 간단히 써보자. 입사용 프로필과 다른 점은 내가 목표로 한 분야나 그 분야의 사람들을 타깃으로 쓴다는 것이다. 그렇기 때문에 일반적으로 나를 설명하는 내용보다는 특정 분야에 초점을 맞춰서 기술할 수 있다. 이는 나의 프로필이 시간에 따라 그때그때 달라질 수 있다는 것을 의미한다.

지금 내가 서 있는 곳에서 나를 이야기하고 싶을 때, 또는 내가 앞으로 목표한 곳을 향해 나를 표현하고 싶을 때, 각각 다른 이야기를 써야 한다. 고민하지 말고 바로 써보자. 그리고 한 가지 중요한 것이 있다. 부정적인 단어나 표현은 절대 쓰지 말고, 긍정적인 내용으로 바꿔서 풍부하게 써보자. 처음에는 얼굴이 화끈거리고 잘 쓰이지 않을 수도 있지만, 현재의 모습과 함께 미래의 내 모습을 이미 그렇게 되었다고 생각하고 써보는 것이다.

정 힘들면 먼저 주위 사람들에게 물어보는 것도 좋은 방법이다. 나의 장단점을 객관적으로 이야기해달라고 부탁해보라. 내가 보지 못하는 모습을 남들이 더 잘 알고 있는 경우가 많으니 두루두루 물어보자. 이와 똑같이 나 자신에게도 진실하게, 진심을 다해서 물어보자. 그리고 나의 답에 귀를 기울여보는 것이다. 이렇게 쓰인 프로필은 이제 당신의 브랜드가 될 것이다.

퇴사는 입사와 더불어 하나의 관문이다. 누구나 입사를 하면 언젠가는 퇴사를 한다. 그렇다면 퇴사를 고민하는 것은 당연한 일이다. 다만 입사와 마찬가지로 퇴사 또한 나의 의지대로 내가 주도권을 쥐고 진행하는 것이 옳다. 내 의지와 상관없이 누군가에게 휘둘리는 퇴사는 너무도 불행한 일 아닌가? 성공적인 퇴사란 내가 하고 싶을 때, 내 뜻대로 할 수 있는 퇴사를 말한다.

지금 우리가 퇴사를 공부하는 것은 바로 그 때문이다. 이 공부를 통해 내가 이루고자 하는 모습을 내 프로필로 써보는 것이다. 입사를 위해 수많은 준비와 고된 공부를 했듯이 퇴사도 그렇게 준비하고 공부하면 된다. 입사 전에 학생 신분이었든 직장인이었든 그 위치에서 입사를 공부한 것처럼, 당신이 퇴사를 계획하고 있다면 지금 있는 그 자리에서 퇴사를 공부해야 한다. 물론 당신은 회사에 누가 되지 않게 잘해나갈 것이라 믿는다. 그리고 다 잘될 것이라고 믿는다.

내가 원하는 브랜드는 하루아침에 만들어지는 것이 아니다. 만약 손쉽게 쥐어진다면 그만큼 손쉽게 빠져나갈 것이다. 견디기 힘든 시간도, 마음대로 되지 않을 때도 있을 것이다. 분명한 것은 이런 과정을 다 이겨내야 내가 원하는 브랜드로 불릴 것이라는 점이다. 힘든 시간도 언젠가는 지나간다. 머릿속에 미래의 내 모습을 사진처럼 새기고, 긍정적인 생각과 적극적인 행동으로 한 걸음씩 나아가자.

職
退
日

"Just do it!"

그냥 하는 것이다.

고민은 고민을 낳고 행동을 옭아맨다.

마음속으로 선포하고 약속한 바를 일단 해보는 자세.

앞서서 헤쳐나가는 행동이 필요하다.

선택했고 결정했으면 앞으로 나아가자.

퇴사 공부가 당신을 원하는 곳으로 이르게 할 것이다.

3

자발적 사표가 두렵지 않은
나의 커리어
포지션(POSITION) 만들기

1

POSITION _____ [PLAN]
플랜을 위한 플래닝을 하라

퇴사 비전과 미션 명확화

퇴사를 준비하기로 마음먹은 당신이 가장 먼저 해야 할 일은 퇴사를 왜 하는지에 대한 명확한 답을 재확인해야 한다는 것이다. 퇴사 이유에 대해 스스로 납득하지 못하고 한마디로 정의할 수 없다면 아직 준비가 미흡하다는 뜻이다. 다시 한 번 자기 자신에게 솔직해져야 한다. 나를 향한 진심만이 퇴사를 향해 떠나는 여행의 나침반이 되어줄 것이다.

그렇다면 나만의 나침반을 가지기 위해 스스로에게 질문해보자.

"당신은 왜 퇴사하려고 하는가?"

"퇴사의 이유가 된 근본적인 문제점은 무엇인가?"

자발적 사표가 두렵지 않은 나의 커리어 포지션(POSITION) 만들기

"그 문제점은 퇴사로 해결될 수 있는 것인가?"

퇴사의 이유와 필요성에 대해 명확히 답을 했다면 다음 질문을 해보자.

"퇴사로 문제점이 해소된다면 그다음에는 무엇을 하고 싶은가?"
"퇴사 후 무엇을 어떻게 할 것인가?"
"당신이 그리는 미래의 이미지와 그것을 이루기 위한 방법은 무엇인가?"

이는 퇴사 후 무엇을 어떻게 할지에 대한 수단이나 방법을 묻는 것이 아니다. 당신이 누구이며 당신의 삶을 어떻게 변화시킬 것인지 스스로에게 물어보라는 의미다. 이 미션만큼은 퇴사 여행을 떠나기 전에 확실히 하고 넘어가야 한다. 단순히 회사에서 경력으로 쌓은 직위나 직책이 아닌 내 인생의 진짜 미션을 찾고, 그다음에는 퇴사 준비를 통해 도달하게 될 1년 뒤 나의 비전을 세워야 한다. 물론 그 1년의 과정이 완벽하지는 않을 것이다. 계획이나 경로도 많이 수정되겠지만 자신의 목표에 보다 빨리 접근하기 위해 완벽을 기하는 시간이 될 것이다.

당신은 이제부터 퇴사기획자가 된다

이제 당신은 전략을 세워야 한다. 우선 이 전략을 세울 당신에게 이름을 붙여주고자 한다.

'퇴사기획자.'

당신은 이제 기획자가 되었다. 인생의 미션을 성취하기 위해 비전을 수립하고 세세한 전략을 마련하게 될 것이다.

우리는 보통 무언가를 시작할 때 계획을 짠다. 기획과 계획. 다른 듯 같은 듯 헷갈리기도 하지만 이 두 단어는 엄연히 서로 다른 말이다. 쉽게 말해서 기획은 계획을 하기 위해 대책을 세우고 방법을 고민하는 일이다. 무엇(What)을 왜(Why) 하는지에 대한 답을 찾는 일이 기획이다. 이와 달리 계획은 기획에 따라 결정된 사안을 어떻게(How) 할 것인지 고민하는 일이다. 그래서 영어로는 기획은 플래닝(Planning), 계획은 플랜(Plan)이다.

시작해보자

그럼 이제부터 제대로 된 퇴사를 기획해보자. 어렵지 않다. 우선 1년 뒤 퇴사를 목표로 하고, 이를 위해 시간을 주기별로 구체화하는 것이 첫 번째다. 여기에는 '분할과 정복(Divide & Conquer)'의 법칙을 사용한다. 먼저 1년을 시간별로 나눈다. 단, 단계의 깊이 정도는 개인적인 판단과 성향에 따라 조절할 수 있다. 즉 경험에 따른 적정한 수준을 정해야 하는데, 기존의 경험을 토대로 먼저 계획을 잡아보고 진행하면서 필요 시 수정을 한다면 큰 문제가 없을 것이다. 여기까지 되었다면 그다음은 하나씩 실천해나가는 일만 남았다.

– 1년

최종적으로 이뤄낼 목표이므로 단순한 것이 가장 좋다. 내가 좋아하는 나만의 단어로 내가 성취할 최종 목표를 간단명료하게 정의한다. 시간 개념이 없는 목표는 그냥 꿈이다. 꿈에 시간이 결합되어야 비로소 목표가 된다.

예 최종 목표 : 1년 뒤 20○○년 ○○월 ○○일 퇴사

– 반기/분기

반기/분기는 주요 마일스톤(Milestone, 프로젝트의 성공을 위해 반드시 거쳐야 하는 중요한 지점)으로, 1년 목표 달성을 위한 중간 거점을 여기서 정의한다. 마일스톤은 개별적일 수도 있고 누적될 수도 있다. 준비된 활동 사항별로 목표한 마일스톤을 점검하고 그 결과에 대해 솔직하게 피드백을 한다. 피드백 주기는 반기/분기별이며, 피드백의 결과에 따라 기존 계획을 변경하거나 새로운 계획을 만들 수도 있다. 피드백을 제대로 하기 위해서는 점검해야 할 지표 설정이 필요하다. 즉 지표는 측정되고 관리되어야 한다는 것이다.

예 1/4분기 : 나의 미션/비전 최종 확정 및 원칙/방법/중간 목표과제 선정

- 월/주

반기/분기의 하위 주기로서 월/주를 관리한다. 주간 또는 월간보고 서라고 생각하면 쉽다. 대부분은 주 단위 관리로 1년 목표를 성취할 수 있다. 1년은 52주이니 그리 많지 않다. 52주 단위로 목표를 설정하 고 실행한다. 양식은 주간보고서를 추천한다.

예 1월 31일 : 미션 확정, 비전 도출 및 검토

- 일/시간

시간 단위별 관리는 쉽지 않다. 이는 단기간 내에 시간의 활용도 와 패턴을 알아보기 위해 한시적으로 시행해볼 것을 추천한다. 이 후 진행 여부는 당신의 판단에 맡긴다. 다만 일 단위는 WBS(Work Breakdown Structure) 차원에서 주 단위 목표를 달성하기 위한 체크리 스트로 관리하면 좋을 것이다(WBS의 구체적인 활용법에 대해서는 4장 에서 자세히 다룰 것이다).

예 주간보고서 내(內) 일별 진행상황으로 관리(시간 단위는 옵션)

이렇게 1년 뒤 퇴사를 목표로 퇴사 공부를 하기 위한 기획 과제를 나만의 방식으로 개념 정리하고 이를 하나의 문장으로 써보자. 머릿 속으로만, 또는 입으로만 백날 되뇌어본들 아무 소용이 없다. 눈에 보 이게 직접 써봐야 한다. 그래야 잘못된 것이 보이고, 수정할 수 있고,

그러면서 마음속에 깊이 새겨 넣을 수 있다.

　이 모든 것의 시작은 결단과 행동이다. 당신은 퇴사라는 결단을 선택했다. 그리고 당신 인생의 멋진 다이빙을 위해 스프링보드 끝에 서 있다. 이 높은 곳까지 올라와 다이빙을 앞두고 깊은 호흡을 가다듬고 있는 당신. 어떻게 뛰어내려서 멋지게 입수할 수 있을지 플랜을 위한 플래닝을 시작해보자.

2

POSITION _____ [Money]
철저한 기획력으로 시드 머니를 마련하라

종자돈이 필요하다

직장인이라면 회사를 다니는 이유가 생계를 위해서라는 데 반론을 제기할 사람은 극소수일 것이다. 돈은 우리 삶에서 매우 중요하고 인생의 많은 부분에서 선택권을 가져다주기 때문에 결코 소홀히 대해서는 안 된다. 그리고 무엇보다 돈에 솔직해져야 한다. 다만 돈이 목적이 되어서는 안 된다는 명제에 대해서만큼은 동의하고 합의해주기 바란다.

퇴사를 공부하면 돈의 흐름과 수입의 원천에 대해서도 다시 한 번 생각해볼 기회가 생긴다. 회사 생활을 한다면 보통은 월급이라는 하나의 수입원만 가지고 있는 경우가 많다. 이 수입원은 일정하고, 전적으로 여기에 의존해서 생활한다. 그런데 이 수입원에 문제가 생긴다

자발적 사표가 두렵지 않은 나의 커리어 포지션(POSITION) 만들기

면 내 삶에 미치는 영향이 매우 크다. 그래서 쉽게 움직일 수가 없다. 다른 수입원을 찾아보기는 하지만 그 또한 여의치가 않다.

퇴사 공부에도 돈이 필요한 경우가 많다. 한정된 수입에서 무언가를 더 하고자 한다면 고민이 될 수밖에 없다. 용기를 선택했으나 돈에 관한 한 결단을 내리기가 쉽지 않다. 그렇다면 어떻게 해야 할까?

목표

앞서 퇴사를 하는 이유에 대해 많은 생각을 해보았을 것이다. 그리고 그 이유로 인해 앞으로 전개해나갈 나의 미래는 기본적으로 돈을 필요로 한다. 행동을 위한 계획을 세울 때에는 예산을 같이 고려해야 한다. 아무리 좋은 사업 계획이라고 해도 예산이 고려되지 않으면 실행에 문제가 된다.

목표를 정했다면 예산 계획을 잡아야 한다. 퇴사를 공부한다면 이를 위한 예산 계획이 필요하다. 공부에 더 매진하고 공부에 대한 결과 이미지를 가시화하기 위해서는 그에 필요한 자원이 따라줘야 한다. 그렇다면 퇴사 공부를 위한 종자돈은 왜 필요할까?

첫째, 퇴사 공부를 하기 위함이다. 퇴사 공부는 회사 업무가 기본이다. 그래서 회사의 교육 지원제도 등의 도움을 받을 수도 있지만 내가 별도로 필요한 것이 있을 수 있다. 무료로 공부할 수 있는 길이 있다면 최선이겠지만, 유료 교육이나 세미나에 참석한다고 치면 그 비용도 만만치 않다. 이때는 내가 투자해야 한다. 돈 때문에 포기한다면 말이 안 된다. 필요하면 빚을 내서라도 해야 한다. 공부는 가시적인 성과와 결과를 내지 않는다면 할 필요가 전혀 없다.

둘째, 퇴사 후를 위함이다. 우리는 퇴사 후 금전적인 상황을 미리 예측해볼 수 있다. 퇴사 후 진로 선택은 개인의 몫이지만, 현실로 맞닥뜨리게 되는 퇴사 후 생활에서는 금전적인 요소가 가장 큰 영향을 끼친다. 따라서 사전에 일정 수준의 시드 머니, 즉 퇴사 공부의 연장선에서 투자의 개념으로 종자돈을 마련해야 한다.

소득의 종류

종자돈을 만들기 전에 소득의 종류를 간략히 살펴보자. 소득은 크게 둘로 나뉘는데 하나는 경상소득으로 근로소득, 사업소득, 재산소득, 이전소득 등이 여기에 포함되며, 다른 하나는 비경상소득으로 퇴직금, 복권 당첨금, 상속 재산 등이 있다. 우리가 받는 급여는 대부분 근로소득이고 기타 소득은 마련할 여건이 안 되거나 일시적 수입이라는 점에서 사람마다 상이할 수 있다.

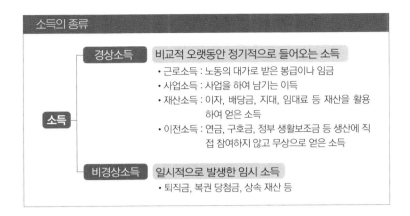

종자돈도 소득의 범주에서 관리될 수 있으므로 위 구분을 염두에 두면 방법을 찾는 데 도움이 될 수 있다.

종자돈 마련하기

우리는 앞으로 1년간 열심히 달려보기로 했다. 종자돈도 1년 뒤 목표를 위한 세부적인 계획이 필요하다. 여기서 중요한 것은 종자돈의 목적, 시점, 목표액 그리고 방법(행동 방안)이다. 이를 하나씩 살펴보자.

– 목적

종자돈이 왜 필요한지, 어디에 사용할 것인지부터 명확히 한다. 크게는 앞에서 이야기한 퇴사 공부와 퇴사 후 대비, 두 가지가 될 수 있다. 이외에도 필요하다면 다른 목적을 추가하고 이에 대한 설명을 덧붙여 정의한다.

예 퇴사 공부 시 발생하는 비용에 충당 : 영어회화 학원 수강, 세미나 2회 참석

－ 시점/목표액

앞서 1년을 주기별로 세분화했는데 종자돈은 이에 맞춰 마일스톤화할 수 있다. 예를 들어 2017년 6월에 유료 교육이 있다면 이 시점과 교육 수강료가 그 목표가 될 수 있다. 다만 예정되지 않고 변동성이 큰 이벤트는 최소화하되, 필요 시 예비비 형태로 계획을 잡아본다.

예 2017년 6월 : 세미나 1회 참석, 60만 원(직장인 환급대상 교육)

－ 방법

가장 중요한 종자돈 마련 방법이다. 위에서 고민해본 시점과 목표액에 따른 수입원을 마련하기 위한 방법으로, 소득의 구분에 따라 구체화할 수 있다. 또한 지출과 수입을 함께 고려해서 준비할 필요가 있다.

① 경상성 소득 구분

• 급여 : 급여에서 일정액을 미리 떼어놓는다. 이는 저축과도 같다. 쓰고 남은 돈을 저축하겠다고 생각하면 절대 돈을 모을 수 없다. 내가 목적한 바를 이루기 위해 계획한 시점에 필요한 총액을 월별로 나누어 급여에서 미리 일정액을 떼어놓고 별도로 관리한다.

• 이자/배당 : 펀드, 주식 매매 등을 통한 이자수익 및 배당금을 말

한다. 이는 급여와 별개로 창출할 수 있는 소득이며, 이를 퇴사 공부에 일정 부분 할당한다.

· 사업 : 직장 외 별도 활동을 통한 소득이다. 퇴근 후 또는 주말에 수익 활동(아르바이트, 강의 등)을 해서 마련하는 수익이 여기에 해당한다.

② 비경상성 소득 구분

· 퇴직금 : 1년 뒤 퇴사를 하면 받게 되는 퇴직금이다. 이를 퇴사 후 활동을 위한 비용으로 산정할 수 있다.

· 인세 : 최근 들어 다양한 분야에서 재능을 발휘하는 직장인들이 점점 늘어나고 있다. 지적재산권(작사, 작곡 등)이나 책 출간 등을 통해 얻을 수 있지만 일반적이지는 않다.

예 급여의 5%(○○○원) : 2017년 8월 31일, ○○○통장 입금

살다 보면 있다가도 없고 없다가도 생기는 것이 돈이다. 그러나 나를 통해서 나가는 돈은 나로 인해 가치를 부여받아야 한다. 내가 가치를 부여하지 못하고 내보내는 돈은 나에게 어떠한 이득도 가져다주지 않는다. 내가 가치를 부여하고 내보내는 돈은 훗날 반드시 더 크게 돌아온다는 믿음을 갖자.

종자돈은 이러한 쓰임새를 의미 있게 해주는 첫 시작이다. 종자돈의 목적을 분명히 한 후, 시점과 목표액을 정하고 구체적인 확보 방법

을 기술하여 관리한다. 급여 통장과 별도의 통장을 개설한 뒤 알림 기능을 부과하여 입출금 관리를 철저히 해나간다면 원하는 종자돈을 원하는 시기에 확보하고, 보다 가치 있는 곳에 활용할 수 있을 것이다.

3

POSITION _____ [**S**ystem]
성공적인 퇴사를 위해
업무부터 시스템화하라

내 업무를 확인하자

직장인들 중에는 회사에서 자신이 맡은 업무의 깊이와 넓이가 어느 정도인지 잘 모르는 경우가 많다. 하루하루 바쁘게 지내다 보니 자신의 업무를 객관적으로 돌아보고 알기 쉽게 계량화해볼 기회가 없는 것이다. 실제로 그러고 싶어도 시간적 여유가 없거나 집중할 수 있는 환경이 안 되는 경우가 많다. 그나마 한 해의 성과를 돌아보는 연말 정도에는 가능할 텐데, 이것도 평소에 제대로 관리하지 않으면 희미한 기억에 의존하기 십상이다.

그러나 조금만 생각을 바꿔보면 회사에서 내가 하는 일에 대해 관심을 갖는 것은 지극히 당연하며, 내 일에 내가 주도권을 쥐고 모든 상황을 컨트롤하는 것이 맞다. 그렇게 하려면 가장 먼저 내 일을 잘 알아야 한다. 이를 위해 뭔가 특별한 방법이나 도구가 필요한 것은 아니다. 자신이 하는 업무를 하나씩 적어보는 것이다. 누구나 할 수 있지만 의외로 쉽지 않다. 만날 똑같은 일인데 적어봐야 무슨 소용인가 싶기도 하고, 막상 적으려니 업무가 뭔지 직무가 뭔지도 헷갈린다.

이때는 업무의 많고 적음, 어렵고 쉽고를 떠나서 내가 해왔던, 지금 하고 있는 업무에 대해서 나만의 기준을 정하고 먼저 확인해보는 것이 무척 중요하다. 그 기준에 회사에서 원하거나 관리하는 기준이 더해진다면 금상첨화다. 혹 나의 기준이 없다면 회사의 기준을 가져와서 공부하고 적용해보자. 다음은 그 준비 방법이다.

▶ 깨끗한 A4용지 2장

▶ 1년 동안 한 일 기록하기 : A4용지 한 장에 1년 동안 한 일을 적어본다. 일의 경중은 따지지 말자. 생각나는 대로, 있는 그대로, 무조건 다 기록한다.

최대한 시스템화하라

다 적었는가? 그럼 나머지 A4용지의 가운데에 큰 십자를 그어 사분면을 만든다. 가로축은 '중요한 일'과 '중요하지 않은 일', 세로축은 '시급한 일'과 '시급하지 않은 일'로 구분한다. 이렇게 만들어진 사분면 각각에 앞서 기록한 일들을 하나씩 넣어본다.

자발적 사표가 두렵지 않은 나의 커리어 포지션(POSITION) 만들기

업무사분면

	중요한 일	중요하지 않은 일
시급한 일	①	②
시급하지 않은 일	③	④

- 사분면 ① 중요하고 시급한 일

여기에 속하는 일들은 말 그대로 내 일 중 제일 핵심적인 일들이다. 시한이 정해져 있고 그 사안 또한 무거운 경우가 많다. 그렇다면 내 하루 일과 중 핵심적인 시간을 여기에 집중적으로 밀도 있게 투자해야 한다. 이는 파레토 법칙에서 이야기하는 20%에 집중하여 80%의 효과를 얻는 것과 같다. 그래서 시일에 맞춰 진도를 체크하고 정기, 비정기로 자주 보고를 하며 일의 진척 사항에 대해서 여러 이해관계자들과 공유해야 한다. 만일의 사태와 예외 사항을 항상 주시하면서 긴장감을 가지고 진행해야 될 일들이다. 아마도 성과 측정을 위한 근거가 되는 일들이 이 사분면에 속할 것이다.

- 사분면 ② 중요하지 않지만 시급한 일

여기에 속하는 일들은 시간적 우선순위는 높으나 중요성은 상대적으로 떨어진다. 시급하다면 대부분은 마감 기일이 명확하거나 인터럽트(Interrupt)가 걸려서 발생한 경우가 많다. 이때는 판단을 해야 한다. 내가 반드시 해야 할 일인지, 아니면 누군가의 도움을 받아도 될 일인지 말이다. 내 일정에 따라 다양한 방법과 아이디어가 나올 것이다.

- 사분면 ③ 중요하지만 시급하지 않은 일

여기에 속하는 일들은 내가 시간을 조정하여 움직일 수 있는 일들이다. 일의 중요성에 있어서는 항시 체크를 하되, 일정을 안배하고 미리 준비하여 시급한 일이 될 때를 대비하는 것이다. 이를 위해서는 나만의 시간적 우선순위에 대한 정의 또는 기준이 있어야 한다. 물론 시한이 명확하게 정해진 일도 있겠지만, 그렇지 않다면 일의 경중과 여러 상황을 미리 고려하고 마감 기일을 사전에 지속적으로 체크해야 한다.

- 사분면 ④ 중요하지도 시급하지도 않은 일

여기에 속하는 일들은 체크리스트에는 있지만 다른 사람의 도움을 받거나 누군가에게 일임해도 무방한 일들이다. 직접 해야 하는 일이라면 가장 후순위로 배치하여 상황에 따라 유연하게 처리할 수 있게끔 진행하면 된다.

내가 한 일 전체를 정리하는 것도 보통 일이 아니지만 사분면에 맞춰서 하나씩 기록하는 것도 쉽지 않다. 하지만 위와 같은 기준으로 한번 정리를 해놓으면 한눈에 확인이 가능하고 내 업무의 성격을 판단

해볼 수 있다. 이를 바탕으로 앞으로 어떤 일을 해야 할지도 방향을
먼저 정할 수 있다.

필자는 이러한 도표를 일간 보고양식으로 만들어서 신입 사원 시
절부터 사용했다. 누가 검사한 것도 아니지만 개인적으로 양식을 만
들어서 정리했다. 물론 습관을 들이기까지는 오랜 시간이 걸렸다. 하
지만 익숙해지면서 하루하루 업무를 어떻게 진행했고 앞으로 어떻게
진행해야 할지에 대한 일과 시간의 주도권을 쥘 수 있었다.

이와 같은 정리 작업은 매일매일 하는 것이 가장 좋다. 그러다 어
느 정도 익숙해지면 꼭 매일매일 하지 않더라도 머리와 몸이 반응한
다. 이때쯤 되면 약간의 시차를 두고 정리해도 무리가 없다. 한 달이
든 일주일이든 해보면서 스스로 판단하면 된다. 요즘은 워낙 다양한
IT 기기와 업무용 소프트웨어가 나와 있으니, 그중에서 나에게 필요
하고 편리한 도구를 활용해보자. 어떤 도구를 사용하든 핵심은 주기
적으로 내 업무를 정리한다는 것이다.

▶ A4용지에 내가 한 일 정리하기

▶ A4용지에 사분면 그리기

▶ 정리한 모든 일을 사분면에 배치하기

더 해야 할 일, 분석!

어떤가? 역시나 쉽지 않다고 느낄 것이다. 더군다나 그때그때 정리를 하지 않았다면 근래의 일을 빼놓고는 기억하기가 만만치 않을 것이다. 그러나 일단 경험해봐야 앞으로 어떻게 정리해가야 할지 갈피가 잡힌다. 그럼 여기서 한발 더 나아가 보자.

- 사분면 내용 보강

각 사분면에 배치된 항목에 대하여 시작일/종료일(수행 기간), 담당자/이해관계자, 설명, 특이 사항, 이슈, 산출물, 예산/비용, 완료(실패) 여부를 기록한다. 여기에 나열된 항목은 최소한의 내용이다. 필요하다면 더 추가해도 좋다. 이렇게 틀을 만들고 빈칸 없이 채워나간다면 당신은 이미 당신이 원하는 경지에 오른 직장인이 되어 있을 것이다!

- 업무 분석

위와 같이 최종 정리된 내용은 내가 보고자 하는 관점의 분석 자료를 뽑아볼 수 있는 백데이터로 활용이 가능하다. 예를 들어 업무 전체/개별 공수(工數)와 그에 따른 예산 대비 비용의 비율도 산출 가능하다. 이에 따라 적정 인원을 산정하고 적재적소에 인력을 배치하며 기술적 지원이 필요한 사항들을 도출할 수 있다. 관리 지표를 무엇으로 선정하느냐에 따라 다양한 자료 분석이 가능하다. 즉 보고자 하는 바를 계속 추가하면서 의미 있는 자료를 지속적으로 만들 수 있게 된다.

처음에는 업무 분석이 쉽지 않을 것이다. 웬만큼 내공이 쌓여도 관심을 가지고 직접 작업을 해보지 않으면 제대로 볼 수 없는 부분도 많다. 우선은 회사 내에서 통용되는 업무 표준 및 각종 업무 서식을 최대한 활용하여 충분히 익숙해질 필요가 있다. 그러고 나면 업무를 객관적으로 볼 수 있는 눈이 생길 것이며, 더 나아가 각종 시스템이나 국제표준안 등을 참고한다면 더할 나위가 없을 것이다.

내가 만드는 내 시간

우리가 가진 자산 중 지위고하를 막론하고 가장 공평하게 주어진 것이 시간이다. 그렇기 때문에 시간을 어떻게 사용하느냐에 따라 결과가 달라진다. 또한 그 이전에 시간을 어떻게 만들지도 매우 중요하다. 누구에게나 주어진 24시간을 어떤 이는 25시간, 26시간으로 만들어 쓰기도 하고, 24시간을 1시간처럼 쓰는 사람도 있다. 상대적 시간이기에 그 결정은 자신이 내리고 실행할 수 있다.

회사에서 시간을 확보하는 방법은 내 업무를 시스템화하는 것이다. 회사 시스템이 잘 갖춰져서 업무를 편리하게 관리할 수도 있고,

그렇지 않은 경우라면 업무사분면을 활용하여 자기 업무를 파악하고 관리, 운영할 수 있다. 수작업을 최대한 자동화하고 몇몇 도구의 힘을 빌리면 쉽게 체계화할 수 있다. 이를 통해 일에 대한 다양한 관점을 확보할 수 있고, 시간을 효율적으로 사용하여 더욱 효과적인 결과를 도출할 수 있다.

이렇게 하여 확보된 나만의 시간은 그 밀도를 더해 또 다른 업무나 자기계발에 투자할 수 있다. 시간의 밀도는 집중력에 달렸다. 이 전체를 관장하는 것은 퇴사 공부다. 앞서 이야기했다시피 회사 업무가 곧 퇴사 공부다. 자기계발도 업무의 연장이며 나만의 투자이기도 하다. 앞서 살펴본 것과 같은 방법을 취한다면 집중은 힘들지 않아도 자연스럽게 할 수 있다. 환경을 탓하기 시작하면 끝이 없다. 내가 중심을 잡고 시간의 주도권을 잡는 순간 모든 것이 착착 맞물려 돌아갈 것이다. 의심은 접어두고, 내 일을 파악하고 시스템화하여 장악하라!

4

POSITION _____ [Skill]
회사의 언어를
완전히 숙달해놓아라

회사의 언어란?

회사의 언어라고 하면 보통은 회계를 뜻하지만 여기서는 회사를 살아 움직이게 만드는 사람을 중심으로 한 모든 업무와 시스템이라고 정의하고자 한다. 즉 인간관계를 토대로 회사를 구동하는 전반적인 시스템을 말한다. 그럼 여기에 무엇이 있는지 몇 가지만 살펴보자.

첫째, 회계다. 회계는 회사의 대표적인 언어이자 회사를 이해하기에 가장 적합한 도구다. 회사의 목적은 이윤 창출이다. 이는 숫자로 대변되고, 회사를 움직이는 숫자는 경영 성과와 실적을 말해주는 언어다. 이 언어를 바탕으로 우리는 의사결정을 하고 회사를 움직인다. 회사의 모든 경영 활동은 결국 회계라는 공통 언어로 이해되고 분석

되고 보고된다.

회사의 비전을 위해 각각의 구성원이 무엇을 하는지는 숫자로 표시할 수 있다. 직무에 따라서는 내 업무가 회계와 무슨 상관이냐고 반문할 수도 있지만, 실제로 모든 업무가 숫자이자 회계다. 숫자는 골치 아프다며 멀리하기 쉽지만 직급이 올라가고 경력이 쌓일수록, 상사와 긴밀히 협업하고 경영진과 마주할 기회가 많아질수록 회계라는 언어를 익히지 않고서는 많은 부분에서 기회를 잃게 될 위험이 있다.

둘째, 주력 사업이다. 당신의 회사가 이윤 창출을 위해 모든 역량을 집중하는 타깃이다. 이 사업을 위해 모든 회사의 자산이 활용되고 투자가 일어난다. 이 중 회사의 구성원은 가장 중요한 자산으로, 사업을 확장하고 성과를 창출하기 위해 투입된다. 주력 사업을 기반으로 한 의사소통에 있어서 직원들이 이를 정확히 이해하지 못한다면 이윤 창출에 매우 부정적인 요소가 된다. 내가 관심이 있고 없고를 떠나서 내가 속한 회사의 주력 사업을 이해하기 위해서는 별도의 공부가 반드시 필요하다.

또한 의사소통은 많은 용어를 내포하고 있다. 주력 사업을 이해하고 원활한 협업을 하기 위해서도 그 사업의 용어를 익혀야 한다. 회사의 구성원으로서, 사업을 수행하는 전문가로서의 첫 시작은 사업을 이해하고 내 것으로 만들고 관련된 용어를 익히는 것이다. 사업 전체를 들여다보려 하지 않고 오로지 내 업무에만 충실하면 된다고 생각

자발적 사표가 두렵지 않은 나의 커리어 포지션(POSITION) 만들기

하면 큰 오산이다.

셋째, 시스템이다. 회사는 원활한 관리와 운영을 위해 수많은 전산 자원을 필수적으로 활용하고 있다. 이러한 전산 자원은 서로 유기적으로 상호작용하며 우리가 업무를 보다 효율적이고 효과적으로 수행할 수 있게 도와준다. 최근 들어 대두되는 신기술은 주로 업무 생산성의 고도화 기반을 구축하는 데 쓰인다. 따라서 우리는 이러한 기술이 접목된 시스템을 떼놓고는 일을 할 수 없는 환경에서 살고 있다. 자신이 신기술이나 시스템을 잘 모르고 익숙하지 않다는 것은 더 이상 평계가 될 수 없다. 특히 일상의 IT 기기들은 발전에 발전을 거듭해 모든 경계를 허물고 있고, 이는 회사 업무를 장소에 구애받지 않고 회사 밖 어디로든 확장할 수 있게 해준 혁신적인 기반이다.

넷째, 문서다. 회사는 목적을 위해 목표를 설정하고, 목적과 목표는 모두 문서를 근거로 달성된다. 구두로 하는 것은 아무런 의미가 없다. 말이 글로 옮겨지고 가시화되고 공유되지 않으면 이 또한 사상누각이다. 모든 업무는 문서로 움직이며, 문서가 곧 말이자 생각이다. 문서는 언어다. 회사의 문서에 얼마만큼 잘 적응하고 이를 활용하느냐에 따라 업무를 보는 시야가 달라진다.

회사에는 수많은 문서가 있다. 회사의 역사만큼 문서가 쌓여 있다. 이를 찬찬히 살펴볼 기회가 있다면 엄청난 행운일 것이다. 문서를 통해 보다 상세하게 회사의 이면을 볼 수 있고, 회사가 어떻게 여기까지

왔는지 볼 수 있다. 또한 앞으로 회사가 어떻게 커나갈지 확인해볼 수 있는 것도 바로 문서다.

다섯째, 업무 프로세스다. 회사의 모든 자원은 각기 다른 부서에 속한 과업으로서 회사 업무라는 거대한 프로세스에 연결되어 있다. 하나의 업무는 부서에 따라 다른 관점을 가지며, 수행하는 행위도 저마다 다르다. 하지만 이 하나의 업무는 회사의 관점에서는 단일한 목표로서 존재하며, 각각의 부서들은 이를 달성하기 위한 수단일 뿐이다. 즉 회사 업무는 그물과도 같아서 하나를 끌어당기면 연결된 모든 업무가 다 딸려 올라온다. 이를 이해하기 위해서는 전체적인 프로세스에 연결된 모든 업무를 이해하도록 노력해야 한다. 나 이외에 각기 다른 부서의 입장과 하는 일에 대해 이해할 수 있다면 그 업무 프로세스는 내 것이 된다.

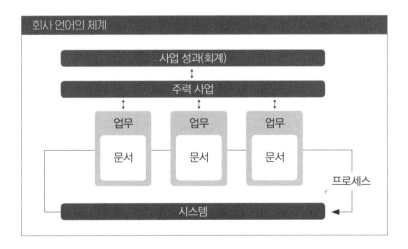

회사 언어의 체계

사업 성과(회계)

주력 사업

업무 　 업무 　 업무

문서 　 문서 　 문서

프로세스

시스템

자발적 사표가 두렵지 않은 나의 커리어 포지션(POSITION) 만들기

내 업무와 연계하기

기업마다 회사의 언어가 조금씩 다를 수 있겠지만 그 회사에 소속된 구성원이라면 반드시 이해하고 익혀야 할 대상이다. 언어를 배우지 못하면 그 사회의 일원으로서의 활동이나 역할도 제한될 수밖에 없다. 그러니 습득하는 데 시간이 걸리더라도 충분히 이해하고 익혀서 잘 사용해야 한다.

회사의 언어를 가장 쉽게 익힐 수 있는 방법은 내 업무와 연계하는 것이다. 내 업무가 곧 회사 업무이니 일을 하다 보면 당연히 익히게 되는 것 아니냐고 생각할 수도 있다. 그러나 단순히 내 업무를 수행하는 것만으로는 회사의 언어를 익히는 데 한계가 있다. 다시 말해서 주어진 대로 일을 하면 회사의 언어도 그만큼만 익히게 된다는 것이다. 나에게 주어진 일과 환경을 넘어 스스로 얼마나 적극적으로 임하는가에 따라 내 언어의 수준은 엄청나게 향상될 수 있다.

내가 중심이 되자. 주위를 둘러보고 내 업무와 연관이 되는 것을 찾아보자. 더 자세히 들여다보면 어느 순간 이가 맞지 않는 톱니가 보인다. 그 부분부터 확실하게 짚고 넘어간다. 그러면서 내 업무를 횡으로 조금씩 확장한다. 회사 업무가 한 사람의 힘만으로 이루어지는 법은 없으니 내가 속한 업무의 다른 가지에, 그 흐름에 관심을 가져보면 보이지 않았던 윤곽이 서서히 선명해지고 내가 아는 만큼 보이게 될 것이다. 이렇게 적극적으로 회사 업무와 언어를 파악해간다면 언젠가는 그 광장의 모든 것이 선명하고도 정확하게 내 눈에 들어올 것이다.

▶ 회사의 언어를 알고 익히기

▶ 회사의 언어와 내 업무 연계하기

▶ 내 업무를 횡으로 확장하기

공부하고 공유하라

이제 회사의 언어가 무엇인지 알았고 내 업무와 연관시켜야 한다는 것도 알았다. 그 두 가지를 맞춰보면 대략적인 회사의 지도가 그려질 것이다. 이 지도는 남이 그려준 것이 아니라 내가 그린 지도다. 그래서 누구보다 그 면면을 속속들이 안다. 이와 함께 각각의 언어를 공부하기 위한 목표가 생긴다. 이 지도로 회사의 상황을 자세히 볼 수 있게 된다. 내가 주도권을 쥐고 적극적으로 공부한다면 그에 비례하여 회사에 대한 지식이 쌓여갈 것이다.

그리고 공유하자. 언뜻 생각하면 나 혼자만 아는 게 도움이 될 것 같지만 결코 그렇지 않다. 내 동료, 후배와 공유하고 상사와 같이 고민해보자. 다 함께 머리를 맞대고 퍼즐을 맞춰서 회사의 미래 지도를 만들어보자!

▶ 회사 탐험하기

▶ 회사 지도 완성하기

▶ 남들과 공유하기

5

POSITION _____ [Tool]
도구를 적극적으로 활용하라

필요한 도구를 알아보자

도구는 회사의 언어를 지원한다. 도구에 따라서는 그 자체가 목적이거나 회사의 언어가 될 만큼 중요한 위치를 차지하는 경우도 있다. 그렇다면 당신의 도구는 무엇인가? 여기서는 일단 업종이나 업태 고유의 도구는 제외하고 우리 주변을 둘러보기로 한다.

첫째, 글쓰기다. 회사 언어의 바탕은 문서다. 말이 아닌 글로 회사가 움직인다. 따라서 내 업무를 글로 쓸 줄 알아야 한다. 탄탄한 논리와 체계적인 구성을 겸비한 업무 문서는 하루아침에 만들어지지 않는다. 숱하게 혼나고 깨지면서 나만의 문서, 나만의 글 쓰는 힘을 갖추게 된다. 글은 당신이고 글은 권력이다. 언제까지나 평사원으로 지내고 싶다면 글쓰기를 멀리하라. 마땅한 가이드가 없다면 매킨지 최초의 여성 컨설턴트, 바바라 민토가 쓴 《논리의 기술》, 《피라미드로 배우는 논리적 글쓰기》를 추천한다. 이 밖에도 직장인 글쓰기에 관한 책이 많이 나와 있으니 관련 도서나 강의 등을 통해 논리력과 글쓰기 기술을 향상시키기 위한 공부를 하면서 끊임없이 훈련해보자.

둘째, 업무용 소프트웨어(OA)다. 일반적으로 회사 표준제품을 선정해서 사용하는데, 매일 쓰는 기능만 사용하지 말고 자주 사용하는 것들은 매크로로 만들어보기도 하면서 최대한 폭넓게 활용하자. 그밖에 회의 도구(마인드맵, 노트패드 등)나 분석 도구(SPSS, 경영환경 분석 툴 등)를 비롯하여 나에게 맞는, 또는 조직에 필요하다고 생각되는 소프트웨어를 별도로 사용할 수도 있다. 업무에 충분히 활용해보고, 효과가 있다고 판단되면 회사 표준으로 제안하여 공동으로 사용할 수 있도록 해보자.

셋째, 컴퓨터(H/W)다. 컴퓨터도 단순한 사용법만 익힐 것이 아니라 하드웨어와 소프트웨어의 기초적인 오류 대처법을 반드시 공부하자. 간단한 문제를 가지고 컴퓨터 탓을 하며 하루 종일 빈둥거리는 일은 없어야 한다. 백업도 생활화하여 만약의 사태에 대비하자. 컴퓨터는 주인을 닮아간다. 배웠다면 적어놓고 같은 문제가 반복되지 않도록 하자.

▶ 글쓰기(논리력)

▶ 업무용 소프트웨어(OA 등)

▶ 컴퓨터(및 휴대기기 등)

도구를 익혀 생산성을 높이자

인간을 일컫는 여러 가지 용어 중에 '호모 파베르(Homo Faber)'라는 말이 있다. 공작인(工作人), 즉 도구를 사용하는 인간이라는 뜻이다. 도구는 인간과 동물의 결정적 차이를 가져온 인류사의 주요 동력이며, 최근에는 디지털과 결합하며 무한한 확장성을 갖춘 현대인의 무기가 되고 있다.

도구는 회사의 이윤을 극대화하는 데 매우 중요한 지표 중의 하나다. 업무 생산성은 회사가 가장 집중적으로 관리하는 역량이고, 업무 생산성에는 개개인의 능력뿐만 아니라 도구의 효율적 활용도 매우 중요한 비중을 차지하며 역으로 사람을 평가하는 기준이 되기도 한다.

각각의 도구마다 고유한 특징과 활용법을 확인하고 나에게 필요한 도구를 찾아보자. 도구는 무기다. 무기를 제대로 쓰려면 사용법을 정확히 알아야 한다. 회사가 제공하는 도구는 최대한 익히고, 나에게 필요한 도구도 적극적으로 찾아 활용하자. 이러한 도구들을 내 주위에 포진시키고 나의 생산성을 높이는 데 십분 활용하자.

6

POSITION ____ [Recognition]
회사 안에서부터 평판을 관리하라

나에 대한 평가를 인정하라

미국 경제 전문지 《포천*Fortune*》이 선정한 '6년 연속 가장 혁신적인 미국 기업', '최고의 직장 100', '가장 존경받는 글로벌 기업', '500대 기업' 등에 한꺼번에 이름을 올릴 만큼 위대한 평판을 자랑하던 기업이 한순간에 파산 신청을 했다. 한때 미국에서 가장 큰 에너지 회사였던 엔론 사가 그 비극의 주인공이다. 아이러니하게도, 최고의 평판을 얻었던 엔론을 무너뜨린 것은 내부 부정과 장부 조작 스캔들이었다. 많은 기업들이 천문학적인 홍보비를 들여가며 《포천》과 《포브스》 평가에서 좋은 성적표를 받으려고 안달이지만, 이처럼 정작 내부 관리를 잘못해서 흔적도 없이 사라져버리기도 한다.

직장인에게도 평판은 승진이나 이직에서 매우 중요한 요소 중 하나다. 헤드헌터가 기피하는 대상 1호가 평판이 나쁜 안하무인형 인재라는 말이 있듯이, 때로는 이력서에 적힌 외부 평가보다 동료나 상사의 내부 평판이 훨씬 더 강력할 수도 있다.

특히 회사에서는 평판이 여러 방면으로 이뤄지고 여기서는 누구도 자유롭지 못하다. 이를 확인하기 위해서는 주관을 최대한 배제하고 객관적인 눈으로 나를 돌아볼 필요가 있다. 철저하게 나를 내려놓아야 한다. 남의 평가를 두려워해서는 안 된다. 더 나아가 남의 이야기를 적극적으로 들을 수 있는 귀와 열린 마음을 가져야 한다.

그럼 평판 관리를 위해 내가 먼저 갖춰야 할 것들은 무엇일까?

- 능력

"미국 대선에서 트럼프가 당선된 것이 우리 회사에 어떤 영향을 미칠지 조사하라는데 난감하네. 누구 이런 것 잘하는 사람 없을까?"

"법원에서 송장이 날아왔는데 누구한테 물어봐야 하나."

"A업체와 함께 이번 사업을 추진하라는데 사업계획서를 어떻게 써야 할까?"

"이 모듈을 붙잡고 삼일 밤낮을 프로그래밍 했는데도 도저히 모르겠네."

"별도 예산을 수립하라는데 누구 아는 사람 없나?"

이런 이야기들이 오갈 때 우리 머릿속에는 어떤 얼굴이 하나둘 떠오를 것이다. 그리고 그 사람을 찾는다. 꼭 그 사람이 해결해주지 않더라도 그 사람을 통해 해답의 실마리를 얻을 수도 있다.

당신의 현재 직책이 무엇이든 스펙이 어떠하든 상관없다. 실력은 당신을 배신하지 않는다. 그렇기 때문에 자신감을 가지고 회사 업무에서 내가 맡은 일에 최선을 다해야 한다. 그러면 회사에서 어떤 문제에 봉착했을 때 당신을 제일 먼저 찾을 것이다. 제일 먼저 찾는 당신이 되어야 한다. 그 열쇠는 실력이다.

- 인성

우리 주변에는 일은 잘하지만 사람 됨됨이에서 자기 점수를 깎아먹는 사람이 의외로 많다. 그런 이들은 대부분 자기만 생각하고 자기 공을 앞세우고 철저하게 유불리에 따라 움직이는 특징을 갖고 있다. 능력이 아무리 뛰어나도 그런 사람들과는 일하기가 힘들다. 일보다 사람이 먼저다. 겸손함, 솔직함, 소통과 공감 능력은 다른 모든 능력을 뛰어넘는다. 능력뿐만 아니라 인성에서도 먼저 꼽히는 사람이 되자. 인간관계의 핵심을 놓치지 않는 사람이 진정한 인재다.

- 자존감

살아가면서 어떤 역경을 만나도 넘어지지 않게 해주는 무기가 바로 자존감이다. 특히 회사에서는 더욱 그렇다. 자존감이 높은 사람은 역경을 자기 자신을 발전시킬 수 있는 기회로 받아들이는 반면, 자존감이 낮은 사람은 사소한 역경에도 자기 탓을 하고 점점 스스로를 과소평가하게 된다.

자존감은 태어날 때부터 주어지는 것이 아니다. 자존감을 찾고, 지키고, 높이기 위해 노력을 기울여야 한다. 실수는 누구나 한다. 이를 용납하고 두려움을 떨쳐야 한다. 남과 비교할 필요도 없다. 나에게 솔직하고 맡겨진 일을 잘 해나가면 된다. 용기를 가지고 주어진 상황에서 최선의 선택을 하려는 노력을 끊임없이 경주해야 한다. 그리고 그 결과에 대해서는 후회하지 말아야 한다. 일이 뜻대로 안 되었다면 원인을 파악하고, 같은 문제를 반복하지 않게 준비하면 된다. 자존감은 누가 가져다주는 선물이 아니라 내가 만들어가는 것이다.

무엇으로 인정받고 싶은가

타인에게 인정받고 싶은 욕구는 인간의 기본적인 욕구 중 하나다. 이 욕구에는 반대급부로 고통이 수반되는데, 직장 생활은 이 고통과 행복의 줄다리기에서 인정받고 싶은 욕구를 충족시키기 위한 부단한 노력의 산물이다.

인정은 한쪽에서만 노력한다고 얻을 수 있는 것이 아니다. 직원 입장에서는 인정받을 만한 성과가 있어야 하고, 이를 평가하는 입장에서는 이 성과를 제대로 판단할 수 있어야 한다. 기업마다 다양한 평가 툴을 활용하고 있지만, 크게는 실력에 해당하는 경험과 지식 및 기술

수준을 토대로 해당 직무의 특성과 수행 과정을 통해 결과적으로 어떤 성과를 냈는가를 평가한다. 여기에 인성적인 요소가 곳곳에 결합되어 최종적인 성과 보상과 연계되는 구조로, 능력과 인성이 가장 중요한 동인이다.

인정을 받기 위해서는 그에 합당한 준비가 되어 있어야 한다. 그 준비는 귀와 마음을 여는 것에서부터 시작된다. 최대한 많은 이야기를 경청하고, 개선이 필요하다면 과감하게 받아들이자. 모든 것을 잘할 수는 없으며, 그럴 필요도 없다. 나를 브랜딩하고자 하는 분야를 신중히 선택하고 한 가지를 결정해서 구축해가면 된다. 브랜딩은 이미지이기 때문에 선입견이 있을 수 있다. 남들에게 휘둘리지 말고 내가 구축할 브랜딩에 대한 자신감을 기르자.

▶ 자존감을 바탕으로 한 실력과 인성
▶ 선택과 집중을 통한 브랜드 결정

7

POSITI**ON** _____ [Vis**ion**]
職場人(회사 직원)을 벗어나
直長人(곧고 길게 가는 사람)이 되어라

"등산의 기쁨은 정상에 올랐을 때 가장 크다. 그러나 나의 최상의 기쁨은 험악한 산을 기어 올라가는 순간에 있다. 길이 험하면 험할수록 가슴이 뛴다. 인생에 있어서 모든 고난이 자취를 감췄을 때를 생각해보라! 그 이상 삭막한 것이 없으리라."

독일의 저명한 철학자인 프리드리히 니체가 한 말이다. 산 정상에 올랐을 때의 벅찬 감정만큼이나 과정에 대한 기쁨을, 그 뛰는 가슴을 노래한 것이다. 성공적인 퇴사라는 정상도 그 과정 하나하나를 이뤄냈을 때의 기쁨이 모여서 빚어지는 희망이자 꿈이다. 앞서 우린 많은 이야기를 했다. 정상은 산꼭대기 이전에 하나의 종착지이고 무언가를 시작하기 위한 또 다른 출발점이다. 그동안 퇴사 공부를 위해 우리가

자발적 사표가 두렵지 않은 나의 커리어 포지션(POSITION) 만들기

걸어온 길을 다시 한 번 짚어보자.

리뷰하다

- 플랜을 위한 플래닝

당신은 이제 퇴사기획자다. 두려움을 버리고 당신 인생을 위한 기획을 시작해보자. 당신이 기획자가 되어 당신 인생의 목적인 미션을 정하고, 비전이라는 목표를 수립하는 것이다. 1년 뒤 퇴사를 위한 비전과 이를 달성하기 위한 세세한 전략을 구축하고 행동해야 한다. 이를 위해서는 결단과 행동이 가장 중요하다.

- 종자돈 모으기

퇴사를 공부하려면 돈이 필요하다. 이를 마련하기 위한 수단으로 급여에 기반을 둘 것인지, 아니면 추가적인 활동을 통해 수익을 창출할 것인지 판단하고 종자돈의 목적, 시점, 목표액 그리고 방법에 대한 고민을 해야 한다. 끊임없이 실천하여 습관을 들이자.

- 업무의 시스템화

성공적인 퇴사를 위해서는 업무의 시스템화를 통한 효율적인 관리가 중요하다. 회사에서 나만의 시간을 확보하는 방법은 내 업무를 시스템화하는 것이다. 회사 시스템과 더불어 내 업무를 상세히 파악하고 이에 따라 손쉽게 관리, 운영할 수 있는 방안을 마련한다. 일에 대한 다양한 관점을 확보하여 효율적으로 진행하고, 더욱 효과적인 결과를 도출할 필요가 있다. 업무사분면을 통해 일을 나누고 정복하고 분석하자.

- 회사의 언어

언어를 익히지 않으면 남들과 소통할 수 없다. 이는 생존의 문제다. 회계, 주력 사업, 업무 프로세스, 문서, 시스템으로 구성된 회사의 언어 체계를 내 것으로 만들자. 내 업무를 그 체계에 녹여 넣고 움직여야 한다. 그리고 내가 습득한 것을 공부하고 남들과 나눠야 한다. 그것이 내 가치를 키우는 일임을 놓치지 말자.

- 도구 활용

회사는 수많은 도구를 필요로 하고 사람은 그 도구를 사용한다. 도구는 내가 목적한 바를 이루기 위한 훌륭한 조력자다. 나의 생산성 향상에 도구를 충분히 활용하면 결국에는 나에게 필요한 시간을 확보하고 관리할 수 있다. 내 역량이 향상됨에 따라 업무량이 늘어나고 업무 난이도도 높아지기 때문에 정확한 판단과 우선순위에 따른 시간 안배 등은 필수다. 따라서 업무를 보다 잘 수행하기 위해 도구를 무기로 활용해야 한다. 논리를 바탕으로 한 글쓰기, 매일 사용하는 업무용 소프트웨어와 하드웨어를 나의 무기로 만들자.

- 인정

인정은 누가 해주는 것이 아니라 내가 그렇게 만드는 것이다. 나만의 브랜드를 구축하고, 내 브랜드로 인정받자. 믿음이 없다면 믿게끔

하라. 부족함이 많다면 부족함을 채워라. 끊임없이 시도하는 모습과 노력 자체로도 인정받을 것이고, 내가 이뤄낸 성과로 다시 한 번 인정받을 것이다.

直長人

이제 당신은 자신이 하고 싶은 일이 무엇인지 알았고, 그것을 위해서 무엇을 해야 하는지, 어떻게 하면 내 브랜드가 만들어지는지, 어떤 브랜드로 갑옷을 입을 것인지 선명한 그림을 그렸을 것이다. 이를 통해 커리어패스의 플랜B를 구상하고 자신의 포지션을 잡을 수 있을 것이다.

앞으로 할 일은 하나다.

"Just do it!"

그냥 하는 것이다. 고민은 고민을 낳고 행동을 옭아맨다. 마음속으로 선포하고 약속한 바를 일단 해보는 자세. 앞서서 헤쳐나가는 행동이 필요하다. 선택했고 결정했으면 앞으로 나아가자. 확신은 행동을 통해 강화되고, 확신을 통해 나를 믿게 된다. 職場人에서 直長人으로 가는 길은 당신이 내딛는 한 걸음 한 걸음으로 다져지는 성취의 길이 될 것이다. 퇴사 공부가 당신을 원하는 곳으로 이르게 할 것이다.

남들과 다른 차선으로 진입하라

나이 들수록 느끼는 것 두 가지가 있다.

하나는 나는 뭔가 다르게 살 거라고 생각했는데 남들과 똑같이 살아가고 있다는 것이다. 필자는 어린 시절에 이다음에 커서 무엇이 되겠다, 어떻게 살겠다 등등 수많은 꿈을 꾸었다. 많은 꿈이 생겼다 사라졌지만 과학자나 미술가가 되고 싶다는 꿈은 계속 간직했다. 그 꿈을 생각하면 언제나 재미있고 즐거웠다. 실제로 과학과 미술 과목만큼은 항상 좋은 성적을 거두었다. 아쉽게도 그 꿈을 이루지는 못했지만 그간의 노력이 허사라고 생각하지는 않는다. 남들과 다르게 산다는 것이 꼭 뭔가 특이한 삶을 이야기하는 것은 아닐 터이다. 사는 겉모습은 같을지언정 내가 하고 싶은 일을 하면서 산다는 것 자체가 남들과는 다른 삶을 의미하는 것 아닐까.

다른 하나는 난 정말 이 세상에서 유일무이한 존재구나 하는 것이다. 그렇다. 세상 어딘가에 나의 도플갱어가 있을지도 모르지만 일단 그 가능성은 접어두자. 이 세상에 나와 같은 사람은 아무도 없다. 그 사실을 모르는 사람은 없겠지만 진정 마음으로 느끼는 사람은 많지 않다. 필자는 보통 키, 잘나지 못한 얼굴에 똥고집으로 똘똘 뭉친 대한민국의 평균적인 중년 남성이다. 그런데 이상하게도 내가 이 세상에서 단 하나의 존재이며 특별한 존재라는 사실이 부정적으로 느껴졌었다. 아마도 난 왜 이럴까, 나는 어째

서 남들처럼 못할까라는, 은연중에 타인과 나를 비교하면서 생긴 부산물
이었을 것이다. 그러다 어느 틈엔가 고정관념이 되고 선입견이 되고 인간
관계에 문제가 생기고 이 때문에 자존감이 낮아지기도 했다. 나는 그저 나
인데 말이다.

이 세상은 나이기 때문에 의미가 있다. 나로 인해 세상이 존재하고 세상
은 나를 중심으로 돌아간다. 내가 없으면 아무것도 없다. 나는 나 자체로
소중하다. 나는 이 우주에서 단 하나뿐인 존재다. 당연히 나는 남들과 똑같
을 수 없다. 남들과 다른 나! 그것만으로도 자신감을 가지고 세상을 살아
갈 힘을 얻는 데 충분하지 않을까?

우린 너무 남의 눈치를 보고 산다. 나는 그렇지 않다고 부정을 해도 정
도의 차이는 있을지언정 남의 시선이 부담스럽거나 신경 쓰일 때가 많다.
그러다 문득, 이런 시선 밖의 삶을 외면하거나 두려워하는 나를 발견하게
된다. 그러나 일반적인 사회 통념과 상식, 도덕적 테두리를 벗어나지 않고
남에게 피해만 주지 않는다면 무엇을 하든 문제가 되지 않는다. 그런데 스
스로 만든 테두리는 이보다 매우 협소하다. 굳이 그럴 필요가 있을까? 나
이기 때문에 나만의 삶의 방식이 있다. 이 삶을 살아가는 나만의 방법이 있
다. 내가 꿈꾸는 소중한 내 삶이 있다면 이제는 허리를 펴고 일어나 두 눈
을 들어 밖을 볼 필요가 있지 않을까?

남과 똑같이 해서는 똑같이 살 수밖에 없다. 이것을 알았다면 지금이라
도 다르게 해봐야 한다. 내 삶의 주인이 되고 나만의 삶을 살아가고 싶다
면 우선 남의 시선을 아랑곳하지 않고 눈치를 보지 않아야 한다. 남이 어
떻게 볼 것이라고 혼자서 단정할 필요가 없다. 심리상담가인 모드 르안은

"우리가 남에게 갖는 관심의 반만 줄여도 삶이 한결 편안해질 것이다"라고 말했다. 남의 눈치를 볼 것이 아니라 남을 있는 그대로 바라보자. 남은 남대로 인정하고 그들의 영역을 침범하지 않는 것으로 문제의 실마리를 풀 수 있다.

누군가 툭툭 친다. 잠깐 주위를 살펴봤지만 아무도 없다. 잠시 후 똑같은 느낌이 든다. 뭐지? 또 아무 일 없다는 듯이 조용해진다. 내가 이상한가? 이렇게 몇 번을 반복하다 갑자기 머리에서 번개가 친다.

"이봐, 학생! 어서 일어나. 문 닫을 시간이야!"

고등학교 때 시험을 앞두고 찾아간 독서실에서 나도 모르게 정신줄을 놔버린 것이다. 망했다. 그렇게 시험은 벼락치기로 끝냈고 역시나 성적은 거짓말을 하지 않았다.

이런 상황을 다시는 만들지 않겠다고 다짐하면서도 계속 반복되는 이유는 뭘까? 아마도 내 탓이 아닐까? 하지만 내가 처한 현실은 그 누구도 아닌 내가 만들었다. 이 현실을 똑바로 인식해야 하는데 보통은 외면하거나 제대로 알지 못한다. 이것을 해결할 수 있는 열쇠는 공부다. 나의 눈높이를 키워서 높이 보고, 다양한 각도에서 보고, 만져도 보면서 현실의 실체를 제대로 확인해야 한다.

현실은 느낌이 아니라 경험이다. 경험은 행동이고 실천이다. 나의 경험은 나를 넘어서는 나의 무기다. 수많은 역경과 고난을 통해 제련하고 두드려서 강한 무기를 만들어야 한다. 피하지 말고 정면으로 부딪쳐서 만들어야 한다. 견주어서 약하고 모자란 부분은 시간을 투자하고 돈을 들여서라도 채우고 키워나가야 한다. 이런 과정은 퇴사를 공부하면서 만들어갈 수 있다. 물론 퇴사만이 답은 아니라고 말했다. 하지만 퇴사하는 심정으로 공부하면 회사에서 내가 원하는 것을 성취하고 더 성장할 것이며, 퇴사하기로 했다면 보다 나은 미래를 이뤄낼 수 있는 단초가 될 것이다.

남들과 똑같은 생각, 똑같은 방법으로는 절대 남들과 달라질 수 없다. 내가 선택하고 결정한 목표를 보다 크고 빠르게 성취하고자 한다면 남들이 택하지 않은 나만의 다른 노선을 찾아가야 한다. 현재의 삶을 내가 꿈꾸는 미래의 삶으로 바꾸기 위해서는, 미래를 향한 현재의 첫 발걸음을 내딛고 내가 계획하고 목표한 것을 실현할 수 있도록, 지금 바로 퇴사를 공부해야 한다.

무엇보다도 제시된 양식을 바탕으로
몇 번이고 검토해보는 것이 중요하다.
같은 사항, 같은 항목이라도 시기나 처한 환경에 따라
그 결과가 다르게 나올 수 있다.
그래서 처음의 회사 환경을 자세하게 기록,
관리하고 주기적으로 체크할 필요가 있다.

4

성공적 퇴사 준비를 위한
6단계 실전 로드맵

앞 장에서 자발적 퇴사가 두렵지 않은 내 인생의 플랜B에 대한 포지션(POSITION)을 검토했다. 이를 통해 당신이 퇴사를 하려는 이유를 다시 한 번 확인했고, 퇴사를 위해 준비해야 할 사항들을 하나씩 살펴봤다. 사실 퇴사가 인생의 최종 목표는 아닐 것이다. 단지 현재 몸담고 있는 곳에서 긍정적인 변화를 모색하고 보다 나은 삶을 개척하기 위한 하나의 과정이자 전환점으로서 퇴사를 고려하고 있을 것이다. 그래서 사람마다 모두 다르겠지만 지금 당신이 선택하고 결정한 이 시점에서 그려나갈 인생의 큰 그림은 당신의 목적을 이뤄내기 위한 지도로서 훌륭한 역할을 할 것이다.

이 장에서는 퇴사를 공부하기로 결정한 당신에게 필요한 실전 로드맵을 설명하고자 한다. 이 실전 로드맵은 순차적으로 구성되었고 서로 긴밀한 관계를 맺고 있다. 앞서 이야기한 내 인생의 미션, 비전부터 시작하여 세세한 액션 플랜까지 하나씩 정리해보면서 최종적으로 활용 가능한 퇴사기준표를 만들어보자.

1

[1단계]
퇴사 후 인생을 위한
밑그림 작성해보기

먼저 밑그림을 그리기 위해 직장인들이 쉽게 접할 수 있는 도구 중 하나를 골랐다. WBS*, 흔히 작업분할구조도 또는 작업분류체계로 부르는 문서다. 꼭 WBS는 아니더라도 직장 생활을 하면서 이와 유사한 도구를 활용하거나 이를 사용한 문서를 한 번쯤 본 적이 있을 것이다.

앞으로 우리는 이 도구를 활용하되, 가장 기본적이고 간단한 원칙과 방법만 추려서 누구나 쉽게 적용해볼 수 있게 하고자 한다. 일반적으로 WBS는 프로젝트 진행에서 범위 관리용 템플릿으로 사용되는데, 이를 제대로 활용하려면 내용도 다소 어렵고 부수적인 공부도 필요하다. 그러나 이 책에서는 독자들이 퇴사 공부의 수단으로 활용하

---

* WBS(Work Breakdown Structure) : 프로젝트 전체의 업무를 구성하고 정의하기 위해 산출물 중심으로 프로젝트 요소들을 그루핑한 프로젝트에서 가장 중요한 문서다. 이를 통해 이해관계자 간의 상호 이해와 확인이 가능하며 프로젝트 관리 및 주요 의사소통의 도구로 활용된다.

는 데 초점을 맞춰서 쉽게 따라 할 수 있도록 안내할 것이다.

먼저 WBS를 작성하는 일반적 원칙이다.

- 하고자 하는 일의 계층적 구조다. 시간의 흐름이 아니다.
- 자신이 정한 목표에 대한 완전하고 세부적인 할 일이다. 일정 계획이 아니다.
- 명칭은 산출물(계획 '작성'하기) 중심이다. 행위(계획 세우기) 중심이 아니다.
- 일은 4단계 이하로는 쪼개지 않는다.
- 일의 시작일과 종료일을 반드시 명시한다.

WBS의 구성 요소에는 세 가지가 있다. 작업(Work), 작업을 구성하는 활동(Activity), 그리고 활동별 세부적인 일(Task)이다. 이 3요소는 WBS를 작성하는 기준이 된다. 작업은 여러 활동을 통해 이루어지고, 활동의 결과로 일이라는 산출물을 만들어내는 구조로 이해하면 된다. 이 책에서는 용어를 우리말로 통일하여 Work는 작업, Activity는 활동, Task는 일로 부르고자 한다.

마지막으로 작성인데, 종이와 펜만 있어도 가능하지만 내용 수정의 편의성과 이에 따른 여러 버전의 관리를 위해서는 컴퓨터를 활용하는 것이 좋다. 소프트웨어로는 직장인들에게 가장 친숙한 스프레드시트(MS 오피스 엑셀, 한컴오피스 한셀 등)를 추천한다. 작성 방식은 크게 나무뿌리 형태와 테이블 형태가 있는데, 스프레드시트를 활용한다는 전제하에 이 책에서는 테이블형을 사용하기로 한다.

1년 뒤 퇴사로 밑그림을 그려보자

본격적으로 WBS를 작성하기 전에 예를 하나 들어보자. 우리는 퇴사 공부를 하기로 했고, 1년 뒤 퇴사가 우리의 프로젝트다. 그럼 이 프로젝트의 완성은 무엇으로 판단하는가? 그것은 이 계획을 세우고 1년 뒤 내가 목표한 모년 모월 모일에 퇴사를 하는 것이다. 그렇다면 WBS는 시작일부터 최종일까지 1년 내의 모든 일을 기술하면 된다.

프로젝트는 정해졌으니 그다음으로 무엇을 할 것인지 나열해본다. 이런 작업은 업무를 수행하면서 많이 해봤을 것이다. 다만 대상이 회사 업무가 아닌 나 자신의 일이기 때문에 그간의 마음가짐과는 다를 것이다. 무엇을 할지 뽑아내기가 힘들다면 앞서 3장에서 설명했던 업무사분면과 마인드맵 등을 활용해보자. 뽑아낸 일들은 앞선 원칙에 따라 분류하여 그루핑하고 단계별로 정리한다. 이 부분이 가장 어려울 수 있지만, 하고자 하는 것을 충분히 뽑아냈다면 정리 과정을 계속 반복하면서 마무리할 수 있다. 이와 더불어 각각의 일들이 종료되었을 때 만들어진 산출물과 일정을 확정한다. 그럼 170쪽의 예를 보자.

작업	활동				주요 산출물	담당자	일자		W0	W1	W2	W3	W4
일	1	2	3	4			시작일	종료일	1/2	1/9	1/16	1/23	1/30
	1. 1년 뒤 퇴사 프로젝트												
		1.1 기초 준비											
			1.1.1 미션										
				1.1.1.1 내 미션(사명) 찾기	미션 목록	홍길동, 홍 판서	1/2	1/13	▨				
				1.1.1.2 내 미션 확정	홍길동의 미션	홍길동	1/16	1/20			▨		
			1.1.2 비전										
				1.1.2.1 꿈(버킷리스트)	꿈 목록	홍길동, 춘섬	1/2	1/20	▨	▨			
				1.1.2.2 2017년 비전 확정	홍길동의 2017년 비전	홍길동	1/23	1/27				▨	
		1.2 세부 사항											
			1.2.1 목표										
				1.2.1.1 목표 정의	목표정의서	홍길동	1/30	2/3					▨
			1.2.2 목표 세분화										
				1.2.2.1 중간 목표	목표계획표 (중간)	홍길동	2/6	2/10					
				1.2.2.2 최종 목표	목표계획표 (최종)	홍길동	2/13	2/15					
				1.2.2.3 이벤트 목표	목표계획표 (이벤트)	홍길동	2/16	2/17					

왼쪽 표는 퇴사 프로젝트의 일부분이다. 이 프로젝트를 완수하기 위해 '1.1 기초 준비', '1.2 세부 사항'이 보인다. 작업을 구성하는 큰 활동들이다. 그 뒤로 각자가 뽑아낸 것이 1.3, 1.4 식으로 계속 나열될 것이다. '1.1 기초 준비'는 다시 두 개의 활동, 즉 '1.1.1 미션'과 '1.1.2 비전'으로 구성되어 있다. 그 각각도 두 개의 일들로 구성되어 있는데 '1.1.1.1 내 미션(사명) 찾기'를 통해 최종적인 나만의 '미션 목록'이라는 산출물을 만들게 된다. 여기서 산출물은 미션이 아니라 미션 목록이다. 즉 다수의 미션을 뽑은 것을 정리한 자료이며, 이 자료를 가지고 '1.1.1.2 내 미션 확정'이라는 일을 통해서 최종적인 '홍길동의 미션'을 확정하게 된다.

그렇다면 내가 홍길동이 되어 WBS를 다시 한 번 만든다고 가정해 보자. 나 홍길동은 세종대왕 즉위 15년이 되던 해인 1433년에 아버지 홍 판서와 노비 출신의 어미 사이에서 태어났다. 어미가 천한 종의 신분인지라 벼슬에도 오를 수 없고 아버지를 아버지라 부르지도 못하는 이 세상이 그저 원통하고 원통할 뿐! 이에 내 신세를 명확히 인식했으니 집을 나가 세상의 명예나 수치를 잊고자 마음먹었다.

작업	활동				주요 산출물	담당자	
일	1	2	3	4			
	1. 활빈당 창당						
		1.1 준비					
			1.1.1 활빈당 정의				
				1.1.1.1 당헌/당규 만들기	당헌/당규	홍길동	
				1.1.1.2 당원상 만들기	당원상(인재상)	홍길동	
				1.1.1.3 강령 확정, 발표	강령	홍길동	
			1.1.2 조직 구축				
				1.1.2.1 조직도 구상	활빈당 조직도	홍길동	2
				1.1.2.2 오른팔/왼팔 구하기	인재 목록	홍길동	2
				1.1.2.3 당원 찾기	당원 목록	일청	
			1.1.3 활동 준비				
				1.1.3.1 근거지 찾기	전국 땅 시세 현황표	엄자치	2
				1.1.3.2 첩자 선발	첩자 확정 목록	곳쇠	
				1.1.3.3 당원 무술교육	십팔기 매뉴얼	소부리, 용개	3
				1.1.3.4 무기 제조	반월도	세걸	3

	M0	M1	M2	M3	M4
일	1/1	2/1	3/1	4/1	5/1

나 홍길동은 활빈당을 만들기로 했다. 그래서 제일 먼저 준비할 것들을 소상히 적어보았다. 가장 먼저 활빈당을 만들어야 하는 이유에 대해서는 이미 고려가 끝났고, 활빈당의 운용에 필요한 기본적인 당헌과 당규를 만들었다. 그리고 우리 당을 끌고 나갈 인재상인 당원상도 같이 고민했다. 마지막으로 강령을 만들어 배포하기로 한다.

이 작업이 끝난 후 당의 조직을 어떻게 이끌지 대략적인 조직도를 만들었다. 처음에는 이곳 전라도 장성이 주 무대겠지만 곧 전국으로 확대하리라! 그래서 당장 나를 도와줄 최측근을 영입했다. 이미 낙점해둔 친구들이 있었던지라 큰 어려움은 없었다. 그다음에는 생사고락을 같이할 당원들이 필요한데, 이는 일청에게 시켜서 사람을 선발토록 할 것이다.

이 정도면 대략 체계가 잡혔으니 기초적인 당 활동 준비를 해야겠다. 우선 엄자치를 시켜서 《정감록》을 바탕으로 장성 근처의 주요 심산(深山)과 전국의 주요 산야를 살펴본다. 그리고 당원은 아니지만 긴요하게 쓸 첩자들을 끗쇠를 시켜서 찾아보자. 당원들을 모으면 정신교육도 시키고 무술 교육도 시켜야 한다. 관청의 십팔기서를 구해 우리만의 매뉴얼을 만들자. 이건 소부리와 용개가 잘할 것이다. 마지막으로 무기가 필요하지. 세걸에게 반월도 1천 자루 만들게 해야겠다. 이렇게 사람과 일자를 정했으니 이제 차질 없이 진행만 하면 되겠군. 아! 아직도 할 일이 태산이구나.

어떤가? 직접 해보면 여기까지 그리 어렵지 않게 진행할 수 있을 것이다. 다시 정리하면 나의 최종 목표 프로젝트를 최상위 작업으로 하여 정리된 다수의 활동들을 중복되고 누락됨이 없이 계층적으로 배치한다. 이는 최종 4단계 선에서 정리하고 최종 산출물을 결정한다. 그리고 일을 진행할 담당자와 일의 기간(시작일, 종료일)을 확정한다. 예를 보면 알겠지만 이 기본 템플릿만 있으면 자기 취향대로 수정이 가능하니 일단 해보는 것이 가장 중요하다!

▶ 원칙

- 목표에 대한 완전하고도 세부적으로 구분된 할 일들을 기술한다.
- 산출물 중심으로 계획을 작성한다.
- 하고자 하는 일을 계층 구조로 나타낸다.
- 일은 4단계에서 끝낸다. 그 이하로 더 나누지 않는다.
- 일의 시작일과 종료일을 꼭 명시한다.

▶ 체크리스트

- 대부분의 담당자는 내가 되겠지만 필요하다면 다른 사람과도 협력한다.
- 누가 보든지 동일하게 인식할 수 있도록 명확해야 한다.
- 할 일들이 누락되거나 중복되지는 않았는지 살펴보자.
  명심하자! 확인할 대상은 날짜가 아니라 할 일이다.

2

[2단계]
활동별 세부 전략과 예산 짜기

앞서 간단한 WBS 작성법과 예를 살펴보았다. 이를 참고해서 자신의 WBS를 작성하는 일은 그리 어렵지 않게 할 수 있을 것이다. 하지만 막상 작성하다 보면 무엇을 프로젝트로 잡을지, 꼭 4단계까지 도출해야 되는지, 각각의 산출물과 일정을 꼭 적어야 하는지 의문이 들 수 있다. 그런데 답은 자신이 이미 알고 있다. 일단 해봐야 한다는 것이다. 아직 작성해보지 않았다면 한번 해보자. 처음부터 잘되진 않겠지만 시행착오를 거치는 과정에서 스스로 답을 구하게 된다.

활동 설정과 재확인

작업은 활동으로 구성된다. 모든 활동은 산출물을 만들기 위한 행위인데, 작업도 광의의 활동이라고 볼 수 있다. 제일 먼저 작업한 첫 번째 단계인 프로젝트를 정해보자. 물론 우린 이미 프로젝트를 '1년 뒤 퇴사'로 정했다. 그러나 보다 구체적이고 명확한 프로젝트명을 지어주는 것이 좋다. 예컨대 내가 생각하는 건 산인데 이름을 바다라고 지으면 이미지가 상충되어 접근하기도 어렵고 실행도 힘들다. 네이밍은 희미한 이미지를 명확하게 하고, 전달이나 공유를 원활히 하기 위한 첫 단계이니 되도록 자세하고 알기 쉬운 프로젝트명을 만들어보자.

자, 프로젝트명을 정했는가? 그럼 프로젝트를 수행하기 위해 무엇을 할 것인가를 두고 수많은 생각이 떠오를 것이다. 이를 정리하는 데는 자신만의 방법을 사용해도 좋고, 앞에서처럼 마인드맵이나 업무 사분면 등을 활용할 수도 있을 것이다. 이때 가장 중요한 것은 자기검열을 하지 말고 생각나는 대로 다 적어보는 것이다. 할 만큼 다 했다고 생각하면 같은 것끼리 묶어본다. 그다음에는 묶음별로 대표하는 이름을 부여한다. 반대로 할 수도 있다. 네이밍을 먼저 하고 관련된 내용을 가져다 넣을 수도 있다. 여기까지를 두 번째 단계로 정의한다.

세 번째 단계의 작업은 두 번째 단계의 묶음을 다시 확인하면서 시작된다. 두 번째 단계의 이름은 이미 알고 있고, 그 안에 세 번째 단계의 내용들이 들어 있다. 이 안에서도 꽤 많은 일들이 있다. 이것이 서로서로 맞는지, 위와 다르지 않은지 확인한다. 필요하다면 다른 곳으로 옮기고, 새로운 이름을 부여하고, 또 다른 묶음을 만들 수도 있다.

이렇게 반복된 작업을 통해 세 번째 단계의 이름을 지어준다.

이제 마지막 네 번째 단계인 일을 적어줄 차례다. 이 단계는 궁극적으로 상세한 산출물을 내는 단계다. 이 활동을 끝내면 산출물이 결정되고, 이것을 언제부터 시작해서 언제 끝낼 것인지도 결정된다. 시작일과 종료일은 반드시 적어야 한다. 날짜까지 적는 것이 가장 좋지만 힘들면 월 단위까지만이라도 명확히 적어보자. 이 작업을 한 번만 하고 말 것이 아니기 때문에 지금 적지 못한 것은 나중에 기록하게 될 것이다.

활동 전략을 세워라

여기까지 작성한 WBS는 지도일 뿐 세부적인 전략까지 따로 기술되어 있지는 않다. 물론 이 자체가 전략을 세우기 위한 일환으로 볼 수 있지만 각각의 활동들에 대한 전략은 아니다. 그렇기 때문에 WBS를 작성하고 나서 각 단계별 활동에 대한 전략을 마련해야 한다.

WBS에서 활동은 프로젝트를 완수하기 위한 작전의 경로가 된다. 각각의 활동을 어떻게 수행하고 성공하느냐에 따라 전세가 뒤바뀔 수 있다. 그래서 전략을 잘 짜야 한다. 당신은 퇴사기획자다. 기획자로서 내가 뽑아낸 활동에 대한 전략을 얼마만큼 잘 세우느냐에 내 퇴사 공부의 승패가 달렸다고 해도 과언이 아니다. 왜냐하면 이 전략은 내가 세우고 내가 행동할 것이기 때문이다. 내가 만들어서 내가 실행하는 데 열쇠가 있다. 아마도 남을 시키는 것보다 더 어려울 것이다. 그래서 잘 만들어야 한다.

활동은 그 성격과 특징에 따라 다양하게 접근해볼 수 있다. 그래서 정답이 없다. 다만 유사한 활동을 묶어보면 일정한 유형이 나올 수 있다. 그러면서 이런 유형이 하나의 전략이 될 수 있다. 이 또한 나의 선택이다. 즉 큰 그림을 그렸기 때문에 전체를 조망할 수 있고, 그 가운데에서 보다 효율적으로 접근하고 효과를 극대화하기 위한 방법을 찾을 수 있다. 전략은 그런 정보를 토대로 더욱 튼튼하게 짤 수 있다. 다만 부담은 버리되 내가 나에게 약속한 것은 꼭 지킨다는 다짐만큼은 놓치지 말자.

앞서 살펴본 '1.1.1.1 내 미션(사명) 찾기'를 예로 들어보자. 이 단계의 산출물은 '미션 목록'이다. 이 산출물을 계획한 시간 내에 끝내려면 무엇을 해야 할까? 먼저 미션이 무엇인지부터 확인할 필요가 있다. 내가 헷갈리지 않게 나만의 용어로 정의하고 정리한다. 즉 기준이 세워진 것이다. 그다음은 많은 사례를 조사하는 것이다. 기업도 좋고 유명인들의 사례도 괜찮다. 되도록 많이 모은다. 그리고 유사한 것들이 보이면 구분을 짓고 하나의 묶음으로 만든다. 이 작업을 반복해서 정렬한다. 간단하지만 이렇게까지 하면 일차적인 '미션 목록'이 만들어진다. 이후 이 산출물을 가지고 '1.1.1.2 내 미션 확정'에서 최종적인 나의 미션을 확정하게 되는 것이다.

전략을 세울 때 일반적으로는 시장이나 환경을 조사해서 내가 하고자 하는 일과 관련된 현실을 점검한다. 이렇게 정보 수집이 끝나면 하고자 하는 것이 누구에게 어떤 혜택을 주는가를 정해야 한다. 즉 목적과 목표를 확실하게 정의하고 나면 그다음으로는 객관적인 기준으로 여러 방법들을 모색한다. 이런 정리 과정을 통해 나온 방법들은 계획에 불과하다. 이를 실행해야 한다. 실행한 결과를 바탕으로 계획과 전략을 다시 검토하고 수정한다. 이를 계속 반복한다.

활동 예산을 짜보자

뽑아낸 활동들은 사안의 경중에 따라 큰 고민 없이 한번에 실행되는 것도 있지만 복잡한 여러 단계를 밟아 진행할 것들도 있다. 이때 중요하게 고민해야 할 것이 하나 있으니 바로 예산이다. 어떠한 활동이든 비용이 들게 마련이다. 그렇다면 이를 감안한 예산을 잡아야 한다. 앞선 WBS에는 이 부분이 없지만 필요하다면 양식을 조정해서 예산과 비용도 하나의 템플릿에서 같이 관리하는 것이 좋다. 일단은 전략을 수립하되 예산을 간과하지 말아야 한다.

더불어 예산과 무관해 보이는 것도 예산화해보는 것이 중요하다. 앞서 나의 재무 상태나 종자돈에 대해 살펴본 것처럼 각각의 활동·전략 수립에 예산 부분을 정량적으로 가시화해야 한다. 즉 내가 목표로 한 예산 계획이 있다면 이는 각각의 활동으로 나뉠 것이며, 각각의 활동 예산이 하나로 모여 나의 전체 예산 계획이 될 것이다.

이는 가장 현실적인 부분과 마주하는 순간이다. 전략을 아무리 잘 세워본들 현실화되기 힘들고 실천이 뒤따르지 않는다면 아무런 의미가 없다. 비용이 들지 않는 활동도 충분히 비용으로 환산할 수 있다. 따지고 보면 시간도 비용이다. 반드시 현재 나의 가치를 환산하여 적용해볼 것을 권한다. 이것이 향후 당신의 가치를 올리고자 할 때 가장 중요한 기초 자료가 될 것이다.

▶ 원칙

- WBS 작성법을 이해한다.

- 프로젝트를 정하고 자주 작성해본다.

- 분할과 정복(Divide and Conquer)의 법칙을 활용한다.

- 예산은 상세하게 추정하고 관리한다.

▶ 체크리스트

- 나만의 전략 템플릿을 찾아서 가장 적합한 것을 선택하여 사용한다.

- 가계부를 사용하면 보다 쉽게 접근할 수 있다.

- 예산과 비용은 필수로 관리해야 하며, 관리가 지속될수록 예측 가능성이 올라간다.

3

[3단계]
예외 사항에 대한 위험 관리하기

회사 생활을 하면서 많이 겪게 되는 일상적인 일들이라면 뭐가 있을까? 잠깐 살펴보자.

－ 예산

계획한 업무에 대한 충분한 검토와 확인을 거쳐 예산을 책정한다. 그런데 보고와 검토 과정을 거치면서 점점 삭감이 된다. 이를 미리 감안하고 증액을 해도 마찬가지다. 예산이 통째로 사라지지나 않으면 다행이다. 예비비는 대부분 잘린다.

－ 역할과 책임

일은 정말 많은데 실제 역할과 책임이 불분명하다. 있어도 두루뭉술하다. 부서나 직원 간의 업무 진행은 매우 비협조적이다. 역시나 일하는 사람만 일하고 아쉬운 건 나다.

– 전문성

전문 지식과 경험이 부족하다. 도전과 몰입에 한계가 생긴다. 이와 관련하여 인력 교체가 빈번하다. 조직 변경도 자주 일어난다. 일을 시작하기가 힘들다.

– 업무 프로세스

업무 진행에 항상 문제가 있다. 프로세스가 부적절하거나 없다. 모두 그 내용을 알고 있으나 아무도 말하지 않는다. 당연히 일정이 지연되고 비용도 초과된다.

– 업무 계획

계획이 없거나 구체적이지 않다. 업무 범위도 모호하다. 갑작스럽게 진행되는 일이 많다. 업무에 대한 추정이 불가하다. 모든 것이 불확실하고 언제 끝날지 잘 모르겠다.

– 요구 사항

지속적인 변경이 너무나 당연하게 발생한다. 상사의 한마디에 모든 것이 한순간에 뒤집힌다. 계속 뒤집힌다. 일정이 지연된다. 추가적인 예산도 발생한다.

– 일정

항상 제약이 있다. 일정이 급변한다. 예외 사항이 발생한다. 일정 준수에 대한 인식이 부족하다. 전체를 조망하고 관리하는 운영 능력이 부족하다. 산출물은 함량 미달이다.

주변에서 흔히 보는 일 아닌가? 사실 이런 문제들을 이미 알고 있고 이로 인한 대가를 많이 치렀기 때문에 어떻게 해야 하는지도 잘 알고 있다. 그런데도 정도의 차이는 있지만 매번 반복되는 이유는 뭘까? 그것은 관리를 제대로 하지 않기 때문이다. 특히 지속적인 위험 관리를 못해서다. 다들 안다고 생각하고 쉽게 해결할 것이라고 믿지만, 근거 없고 공유되지 않은 믿음은 환상일 뿐이다. 이런 경우 많은 위험에 직면하게 되는데 이 또한 인식하지 못하고 걱정만 할 뿐이다.

위험과 이슈

우리는 대부분의 예외 사항을 알고 있고 답안지를 손에 쥐고 있다. 그래서 더더욱 위험에 대처해야 한다. 위험(Risk)이란 미리 예측이 가능하고 일이 실제로 벌어지기 전에 알 수 있는 것들을 말한다. 즉 이미 식별된 것이고 실패를 유발하는 확인된 여러 가지 요소들, 그렇기 때문에 발생할 수도 안 할 수도 있는 문제의 소지를 지닌 요소들이다. 이런 위험과 혼동되는 말 중 '이슈(Issue)'라는 것이 있다. 이슈는 실제 위험이 현실화되어 문제를 일으킨 상황을 일컫는다. 이슈는 사전에 인지되지 못하고 예상치 못한 위험이 실제로 발생한 사건이다.

그래서 보통 위험은 관리하고 이슈는 해결한다고들 한다. 위험은 그 정체가 아직 불분명하므로 이 불분명함을 없애기 위해 최대한 많은 검토와 연구를 통해 관리를 해야 할 대상이고, 이슈는 그럼에도 불구하고 발생한 현실이기 때문에 이를 해결해야 하는 대상이다.

그럼 어떻게 하면 위험을 식별할 수 있을까? 가장 쉽게 해볼 수 있는 것이 '체크리스트'를 만들어보는 것이다. 내 주변의 자료들을 활용하여 굵직굵직한 위험의 범주를 잡은 뒤 구체적으로 찾아보는 것이다. 내가 생각해볼 수 있는 여러 상황에 대해서 '이러면 어떻게 될까?', '이렇게 해도 되는가?', '저것을 안 한다면?' 등으로 다양하게 가정하고 질문해본다. 생각나는 모든 것들을 의문문으로 바꿔서 스스로에게 물어본다.

이렇게 정리된 위험에 대해서는 각각 평가를 해볼 수 있다. 이를 통해 정확히 위험을 식별하고 보다 상세히 관리할 수 있는 기초가 된다. 186쪽 표와 같이 '위험식별표'를 만들어보면 쉽게 접근할 수 있다.

구분은 위험의 범주가 된다. 구분을 정했으면 염려가 되는 항목을 나열한다. 그리고 각각의 항목에 대한 위험 요소를 상세히 적는다. 마지막으로 각 항목에 대하여 나 스스로 판단 가능한 위험의 정도와 이에 따른 우선순위를 기술한다.

위험식별표

구분	상세 항목	내용	위험 정도	우선순위
재정	목표/계획	목표 액수, 시한에 대한 계획이 미흡하다	상	상
	안정성	급여 외 수입이 없다	중	상
	수익성	금리가 계속 낮아진다	상	중
공부	업무	객관적인 나의 업무역량 측정이 어렵다	상	상
	업무 외	자기계발을 하고 있지 않다	상	중
	시간	야근이 많고 내 시간을 특정할 수 없다	하	하
가족	경조사	경조사가 5월에 몰려 있다	중	중
	진학	아이가 무엇을 하고 싶은지 모른다	상	중
...				

위와 같이 나에게 예상되는 위험들이 무엇이 있는지 정리하다 보면 느껴지는 감(感)이 있다. 이는 실제로 수치화하거나 평가할 수 있있는데, 사전에 충분한 조사와 검토, 실행이 수반된다면 그 신뢰성을 더욱 높일 수 있다. 여기에는 기준이 필요하고, 이 기준이 의미를 가지려면 여러 번의 실행을 통해 조율된 경험치로 판단할 수 있어야 한다. 이에 따라 상황의 여러 변수들을 미리 확인하여 결과가 어떨 것이라는 정성적·정량적 결과로 나만의 예측치를 가늠해볼 수 있다.

이런 과정을 통해 내 인생의 예측 가능성을 확인해보고 예상치와 실제의 간극을 좁혀나가는 과정에서 나 스스로에 대한 객관적인 평가와 신뢰를 쌓아갈 수 있다. 예측 가능성은 나만의 모델을 만드는 중요한 작업의 포인트다. 예측 가능성은 인생에 대한 일관된 자세를 유지, 관리할 수 있게 해주고 내 경험에 비추어 나의 행동이 어떤 결과를 만들어내는지에 대한 예측을 가능하게 해준다. 이를 통해 미처 예상하지 못한 일들이 발생해도 대처할 수 있는 능력을 갖출 수 있다.

위험을 관리하다

위험을 관리하는 방법은 크게 4가지로 정리된다. 각각의 상황에 따라 어떤 방법들이 있는지 확인해보자.

- 완화

감내하기 힘들고 수용할 수 없는 경우라면 대책을 찾아야 한다. 위험을 식별하고, 그 평가에 따라 위험의 발생 가능성을 최대한 낮추거나 부정적 영향력을 줄여야 한다. 가장 좋은 것은 두 가지 모두를 낮출 수 있는 방안을 찾는 것이다.

- 전가

외부의 도움을 받아 위험을 분산하거나 넘긴다. 다만 위험 자체를 넘기는 것은 아니고 위험 조치에 대한 책임을 넘기는 것이다. 일상에서는 재무적 문제의 대응으로 적합한데, 보험이 그 대표적인 예다.

- 회피

위험이 너무 크거나 대책 마련에 문제가 있다고 판단되면 적정선에서 뒤로 한발 물러서서 위험 발생의 여지를 차단한다. 즉 위험의 발생 가능성을 원천 차단하는 것이다. 이는 주로 계획 변경을 통해서 관리한다. 문제가 있는 협력업체를 변경하는 경우가 여기에 해당한다.

- 감수

식별된 위험 정보가 미흡하거나 예방 조치가 없는 상태에서 내리는 결정이다. 수준의 차이가 있기는 하나 보통은 허용 가능한 위험의 수준을 미리 정하고, 이 수준 이하의 위험을 수용하는 것이다.

위험은 사전에 충분히 식별이 가능하다. 그래서 이에 대한 관리가 가능한 것이다. 물론 모든 위험에 대응하기란 불가능하다. 위험 자체를 없앨 수도 없다. 언제 어디서 무슨 일이 일어날지 모르기 때문이다. 여기서 판단이 필요하다. 내가 감내할 수 있는 범위 내로 위험을 관리하는 것, 위험의 수준을 낮추는 것이 실질적인 위험 관리인 셈이다.

▶ 원칙

- 위험은 관리하고 이슈는 해결한다.

- 위험은 제거되는 것이 아니라 일정 수준으로 낮추는 것이다.

- 모든 위험에 대응하는 것은 불가능하다.

– 나만의 위험 식별 체크리스트를 만든다.

▶ 체크리스트

– 위험을 이슈로, 이슈를 위험으로 대응하고 있지 않은지 체크해보자.

– 모든 위험은 머리가 아닌 행동으로 대응해야 한다.

– 예측 가능성은 결국 내 자산이 된다.

– 위험은 한 가지의 모습만 띠는 것이 아니라 시시각각 변한다.

– 모든 위험은 서로 관계가 있으므로 통합적인 관리가 필요하다.

4

[4단계]
네트워크 점검 및 팀워크 다지기

퇴사는 그 과정이 어떠하든 최종적으로는 내가 선택하고 결정하여 행하는 지극히 개인적인 일이다. 그래서 외롭다. 하지만 주변에 나를 도와주고 응원해주는 사람들이 있어 외로움이나 고독함을 어느 정도 잊을 수 있다. 내가 목표한 곳을 향해 매 순간순간 나의 판단과 행동으로 나아갈 수 있는 것은 나를 뒤에서 밀어주는 사람들이 있기 때문이다. 그래서 나는 혼자가 아니다. 내가 제일 잘하는 종목에 반대표로 뽑혀서 비장하게 나서는 운동회와도 같은 것이 퇴사다.

여기서 우리가 꼭 챙겨야 할 것이 있다. 내가 달리기 종목의 반대표로 뽑히고 주변의 응원을 받으려면 내 실력도 중요하지만 무엇보다도 신뢰가 필요하다는 점이다. 사람들이 나를 믿어주는 것, 나도 사람들을 믿는 것. 이러한 상호 신뢰야말로 불가능한 것을 가능하게 해주는 힘이다.

인간관계의 기초는 상호 신뢰다. 신뢰는 서로가 약속을 지키고 해가 되지 않는다는 믿음을 심어주기 위한 노력 속에서 생겨난다. 약속은 아무리 하찮은 것이라도 지켜내야 하고, 이런 약속들이 깨지지 않고 쌓여나가면 믿음이 생긴다. 또한 서로에게 해가 되지 않음을 믿는다면, 설령 해가 되더라도 서로가 인정하고 함께 이겨낼 수 있다면 이 믿음이 신뢰로 발전한다. 신뢰는 서로에게 진심이 통하는 시간만큼 쌓여가기에 결코 하루아침에 만들어지는 것은 아니지만 그 시간에 비례하여 굳건해진다. 그러나 신뢰를 구성하는 요소들 중 하나라도 어긋나고 깨진다면 한순간에 사라지는 것이 또한 신뢰다.

네트워크와 링크

네트워크는 통신 분야에서 양 끝의 단말을 연결하기 위해 사용되는 단말기, 통신 선로, 중계기, 교환기 등 전송매체 전부를 의미한다. 다시 말해서 네트워크는 통신 선로에 의해 서로 연결되어 있는 연결점들을 말하며, 가장 기본적인 두 접점 간의 연결을 링크라고 부른다. 그런데 가만 보면 이런 체계나 의미가 사람의 관계와 무척이나 닮아 있다. 실제로 사람과 사람 사이의 관계를 연구해서 만든 것이 네트워크이자 링크다.

그래서 우리 삶을 이런 모델을 빌려서 알기 쉽게 설명하기도 하는

데, 이를 통해 내가 가진 그물이 무엇이고 어느 정도 크기인지, 또 얼마나 촘촘한지를 가늠해볼 수 있기 때문이다. 이 그물, 나의 네트워크는 살아 있는 생명체와도 같다. 내가 관심과 애정을 가지고 관리하면 점점 커지고 튼튼해질 것이고, 아니라면 서로의 매듭이 끊어지고 여기저기 구멍이 나서 해질 것이기 때문이다.

네트워크는 모든 사람이 그 중심에 서 있다. 그 중심에서 각자가 가진 영향력을 발휘하는데 그 영향력이 바로 신뢰다. 아무리 작은 네트워크라도 든든한 신뢰를 바탕으로 한다면 다른 네트워크와도 손쉽게 연결될 수 있다. 그러면서 그 영향력을 서로에게 더 강력하게 미치고 주고받으며 네트워크는 더 튼튼해지고 확장된다.

이것은 결국 나 혼자가 아닌 다른 사람과 함께 성공할 수 있는 기틀이 된다. 서로가 서로에게 멘토가 되고 멘티가 된다. 누가 누구에게 의존적일 수도 있지만 어느 순간 서로 입장이 바뀔 수도 있다. 네트워크는 결국 신뢰의 균형을 따르게 되어 있다.

팀워크

함께 일한다는 것은 네트워크와 링크 위에 팀워크를 만드는 것이다. 퇴사는 나 혼자 하지만 나를 신뢰해주는 사람들과 팀워크가 있기에 가능한 일이다. 그렇다면 이러한 팀워크를 강화할 수 있는 방법은 무엇일까?

- 경청

남이 말할 때 절대 자르지 마라. 남은 절대 내 '말'에 움직이지 않는다. 그의 말을 잘 들어줄 때 움직인다. 소통은 남을 바꾸는 것이 아니라 내가 바뀌는 것이고, 경청은 이 소통을 가능하게 해주는 신뢰의 무기다. 당신의 지위를 무기로 사용하지 마라.

- 겸손

귀여운 허세 정도는 웃으며 받아줄 수 있지만 도가 지나치면 외면당한다. 내가 저 사람에게 끌리는 것은 그 사람의 매력 속에 겸손함이 묻어나기 때문이다. 실력을 높이려 노력하는 만큼 겸손해지기 위해 애쓰자. 단, 지나친 겸손은 오히려 사람들을 힘들게 한다.

- 나눔

로빈슨 크루소가 되려고 하지 않는 이상 내 주변의 친구들과 나눠야 한다. 내가 가진 것을 나눌 때 더 크게 돌아오게 되어 있다. 지위고하를 막론하고 도움의 손길을 먼저 내밀자. 물론 그 전제는 내가 먼저 준비되어 있어야 한다는 것이다. 또한 뭔가를 바라고 나누려 하지 마라. 금세 들통난다.

- 기쁨

나누면 나눌수록 커지는 것이 기쁨이다. 기쁨은 서로 축하해주고 격려하면서 커지는 씨앗이다. 하루 종일 어두컴컴한 침묵 속에 사무실에 앉아 있지 마라. 내가 먼저 다가가 동료들을 안아주자.

– 배움

사람은 태어나서 죽을 때까지 안내자가 필요하다. 그리고 언젠가는 내가 그 안내자가 되어야 한다. 내가 그런 역할을 해야 할 때 주저하지 말자. 우리는 서로가 서로에게 배우는 존재니까 말이다. 그러니 서로서로 항상 피드백하자.

– 진심

내 인생의 나침반! 하나의 지도를 펴놓고 서로의 나침반을 꺼내어 방향을 맞출 때 진심을 가지고 대해야 한다. 이런 진심이 통할 때 팀워크가 완성된다.

퇴사에도 팀워크가 필요하다

퇴사는 현재의 문을 닫고 새로운 문을 여는 일이다. 그런데 문은 다른 곳으로의 이동을 의미할 뿐 내가 가진 네트워크의 단절을 말하는 것은 아니다. 그 문 하나하나는 링크다. 문을 닫고 열 때 연결 고리를 잘 맺어야 한다. 그때 나 혼자가 아닌 팀워크가 필요하다. 나를 문 밖으로 내어주고 문 안으로 받아주는 팀워크가 있어야 한다.

그렇다면 퇴사를 준비하면서 내 주위를 찬찬히 둘러볼 시간을 가져야 한다. 이를 통해서 이제까지 단순한 기억과 감정으로만 다뤄왔던 관계들을 기술의 도움을 받아 정리해볼 필요도 있다. 오프라인과 온라인이 함께 어우러져 관계를 새롭게 정의하는 시대에 살고 있는 우리는 할 일이 너무 많지만 내 팀워크의 상태를 먼저 확인해보자.

– 명함

회사 생활을 하면서 받았던 명함을 정리해보니 명함집 몇 권이 나온다. 예전에는 이름별로, 또는 업무별로 하나하나 손으로 정리했지만 요즘에는 좋은 도구들이 많다. 한번 다 꺼내서 시간을 가지고 정리하자. 분명 보물이 숨겨져 있을 것이다.

– 연락처

다이어리를 가지고 다니긴 하지만 연락처를 예전처럼 따로 적는 경우는 드물다. 이제 우리 손에서 떨어질 수 없는 휴대폰에 모든 것이 다 들어 있다. 휴대폰 속 수백, 수천 개의 연락처도 정리가 필요하다. 파일 내보내기로 정리하자. 그러면서 명함도 같이 링크해놓자.

– 링크

사람도 중요하지만 사물도 중요하다. 4차 산업혁명은 사람과 사물을 나누지 않는다. 모두 네트워크상의 연결점일 뿐인 세상이 온다. 내가 가진 자원도 정리가 필요하다. 도움이 될 만한 사이트 정보, 검증된 실력과 브랜드, 가지고 있는 물건, 인맥, 금융자산 및 봉사 활동도 모두 나의 자원이다.

▶ 원칙

- 네트워크와 링크가 내 자산이며 이를 든든히 받쳐주는 것은 인성이다.

- 먼저 연락하고 자주 만나야 한다.

- 내가 가진 모든 자원을 주기적으로 업데이트한다.

▶ 체크리스트

- 여기저기 흩어져 있는 연락처를 하나로 통합한다.

- 내 고민을 진지하게 들어줄 사람은 몇 명인가?

- 내 목표를 달성하기 위해 필요한 자원으로는 무엇이 있을까?

5

[5단계]
퇴사기준표 작성하기

당신이 생각하는 퇴사의 기준은 무엇인가? 우리는 퇴사를 결심하기까지, 그리고 결심한 후에 고려해볼 수 있는 많은 숙제들을 고민하고 확인했다. 그렇다면 나만의 퇴사 기준을 한번 정리해볼 때다. 앞서 말한 무수한 내용들을 한눈에 볼 수 있는 객관적이고 정형적인 답안지가 필요하다. 이것은 머릿속에서만 존재하는 계획이 아니라 눈에 보이는 종이로 나타내야 할 성과물이다. 이를 통해서 퇴사 자체를 객관적으로 판단할 수 있으며, 내가 놓친 것이 무엇인지, 정말 퇴사를 하게 될 것인지, 아니면 더 많은 공부를 통해 보다 확실하게 회사에서 나만의 브랜드를 구축할 것인지 결정하는 데 도움을 받을 수 있다.

퇴사기준표

퇴사기준표란 그동안 살펴본 항목들을 정리하여 손쉽게 확인할 수 있는 체크리스트를 만들고, 사전에 확인하여 내 선택과 결정에 참고할 수 있게 만든 시뮬레이션 템플릿을 말한다.

퇴사기준표는 크게 사전 작업 한 가지와 평가 작업 세 가지로 구성되어 있다. 사전 작업으로 처음부터 현재까지 자신이 몸담았던 회사 정보와 부서 이력을 정리한 후, 퇴사 이유에 대한 자기 평가를 확실히 하고, 다음으로는 퇴사를 위해 무엇을 준비해야 하는지 세밀히 짚어보고, 마지막으로는 퇴사 준비에 어떤 방법이 도움이 되는지 점검해 보는 것이다. 평가 작업을 위한 세 가지의 기준표는 각각 구체적인 항목별로 구분되어 있으며, 각기 5점 척도 기준으로 체크하면 된다. 이후 점수의 총계로 수치화하여 퇴사 여부를 판단할 수 있게 구성했다.

그럼 아래의 퇴사기준표를 하나씩 살펴보자.

▶ 퇴사기준표 1. 환경 정보

▶ 퇴사기준표 2. 퇴사 이유

▶ 퇴사기준표 3. 퇴사 준비물

▶ 퇴사기준표 4. 퇴사 방법

성공적 퇴사 준비를 위한 6단계 실전 로드맵

- 퇴사기준표 1. **환경 정보**

우선 나의 환경 이력을 확인한다. 첫 직장부터 현재까지의 회사 이력과 더불어 현재 회사 기준으로 입사에서 현재까지 부서 이력을 추적, 기술한다. 회사 이력과 부서 이력은 소속이 변경될 때마다 양식을 반복하여 기술한다. 즉 다음 양식을 회사별/부서별로 반복하면 된다. 더 필요한 항목이 있으면 양식에 추가해도 좋다.

회사 정보			
번호		회사명	
입사일		퇴사일	
총 근무일수		급여액	
부서 이력			
근무 부서명		근무 기간	~
직책/직위/직급		담당 업무	
주요 성과		근무 평가	

- 퇴사기준표 2. **퇴사 이유**

퇴사를 왜 해야 하는지를 다시 한 번 명확하게 확인하는 단계다. 무엇보다도 마음의 소리에 귀를 기울여야 한다. 몸과 마음이 다르다면 서두르지 말고 충분히 시간을 갖자. 이유가 명확하지 않고 목적이 흔들린다면 이후의 행로를 제대로 걸어갈 수 없다. 이를 통해 퇴사의 핵심적인 가치를 다시 확인할 수 있다.

항목	매우 그렇다 (5)	그렇다 (4)	보통이다 (3)	아니다 (2)	매우 아니다 (1)
나는 퇴사를 결심했다					
퇴사를 고민한 지 6개월이 넘었다					
퇴사 이유에서 감정적인 부분을 충분히 배제했다					
왜 퇴사를 하는지 한마디로 정리할 수 있고 충분히 나를 설득할 수 있다					
퇴사 결정에 대해서 다른 사람과 이야기를 나누고 조언을 구했다					
최근 3개월 내에 이력서, 자기소개서, 경력기술서를 업데이트했다					
현 상황에서 퇴사 이외에 다른 대안은 없다					
무슨 일이 있어도 1개월 안에 반드시 퇴사를 할 것이다					
퇴사 의지가 확고하고 후회하지 않을 자신이 있다					
퇴사의 가치, 남들에게 보여주고 싶은 나만의 가치가 있다					
계					
	합계 ( )				
코멘트					

성공적 퇴사 준비를 위한 6단계 실전 로드맵

- 퇴사기준표 3. **퇴사 준비물**

현재 내가 가지고 있으며 그간 준비해온 상황을 점검하는 단계다. 이는 사람마다 모두 다르기 때문에 자신의 위치를 정확히 파악하는 것이 중요하다. 퇴사 이유가 명확하고 준비의 수준과 상태를 안다면 퇴사 시기를 조절할 수 있는 판단 기준이 된다.

항목	매우 그렇다 (5)	그렇다 (4)	보통이다 (3)	아니다 (2)	매우 아니다 (1)
명확한 꿈 목록을 가지고 있다					
꿈 목록에서 가장 중요한 꿈 세 가지에 대한 5년, 10년 계획을 세웠다					
퇴사 후 무엇을 할 것인지 정했다					
현재 보유한 금융자산과 퇴사 시 받게 될 퇴직금이 얼마인지 정확히 알고 있다					
퇴사 후 얼마간 휴식 기간을 가질 것이다					
퇴사 후 불안해하지 않을 나만의 방법을 가지고 있다					
내가 담당한 업무에 관한 한 나는 전문가다					
내 업무는 시스템화되어 있고 인수인계도 쉽게 할 수 있다					
숫자에 강하다					
나는 기술을 보유하고 있다					
최신 IT 트렌드에 민감하고 다양한 기기와 소프트웨어를 다룰 줄 안다					
직장 생활 외 개인 사업 등을 해본 적이 있다					
나만의 콘텐츠를 생산할 수 있다					
계	합계 ( )				
코멘트					

- 퇴사기준표 4. **퇴사 방법**

퇴사를 잘할 수 있는 방법을 찾아본다. 그 누구에게도 피해를 주지 않고 마무리를 깔끔하게 한다. 유종의 미를 거둔다. 더불어 퇴사 후 새로운 환경에 대한 준비를 점검한다.

항목	매우 그렇다 (5)	그렇다 (4)	보통이다 (3)	아니다 (2)	매우 아니다 (1)
퇴사에 필요한 일의 우선순위를 정해놓았다					
평소 자기계발을 게을리 하지 않았다					
퇴사 후 이직, 창업, 공부, 휴식 등 다양한 진로에 대해서 고민했고 상세한 계획을 세웠다					
진정 하고 싶은 일은 따로 있다					
수입원을 월급 외 하나 이상 가지고 있다					
퇴사가 아니라 회사에서 보다 전문적인 업무와 성취할 목표가 있다					
앞으로 1년간 1천 시간의 퇴사공부 시간을 마련하고 지속할 수 있다					
업무상 전문적인 분야가 하나 이상이다					
평소 인맥을 활용하여 업무를 진행하는 편이다					
나를 응원해주는 상사, 동료, 후배가 있다					
책을 많이 읽는다					
1년간 1주일에 1시간 정도 투자하여 퇴사 이유, 준비물, 방법에 대해 지속적으로 체크하고 관리했다					
계	합계 ( )				
코멘트					

성공적 퇴사 준비를 위한 6단계 실전 로드맵

이제 앞서 살펴본 위 퇴사기준표를 내 상황에 맞춰 실제 적용을 해본다. 보는 사람이 있는 것도 아니니 최대한 솔직하게 답을 한다. 그리고 총계를 내어본다. 관련한 코멘트도 중요하다. 필요하다면 항목별로 별도의 코멘트를 추가할 수 있다. 퇴사기준표 2~4의 점수를 합한 총점에 따른 조언은 다음과 같다.

140점 초과

지금이라도 퇴사할 준비가 충분히 되었습니다. 다만 짧지 않은 인생에서 퇴사도 하나의 커다란 전환점이기 때문에 다시 한 번 퇴사에 대한 의지를 확인하고 점검할 필요가 있습니다. 끝까지 유종의 미를 거두고 건승하길 바랍니다. 또한 굳이 퇴사를 하지 않더라도 지금의 상태라면 회사 생활을 한층 내실 있게 해나갈 수 있습니다. 자신감을 가지고 당당하게 하루하루를 만들어가세요. 내가 원하는 브랜드와 포지션을 얻을 수 있을 겁니다.

90~140점

아직 퇴사 준비가 덜 된 상태입니다. 감정을 추스르고 조금 더 시간을 가지고 퇴사를 위한 공부를 꾸준히 해나가기 바랍니다. 내가 준비가 되면 내가 원하는 기회는 자연스럽게 찾아올 것입니다.

90점 미만

아직은 아닙니다. 힘들더라도 생각을 바꾸고 불만을 줄일 수 있는 방법을 모색해보십시오. 혼자 고민하지 말고 주위의 도움을 적극적으로 받아보기 바랍니다. 내가 바뀌면 환경을 바꿀 수 있습니다. 또한 지금 당신이 처한 상황에서 배울 수 있는 것을 계속 찾아보기 바랍니다. 그리고 그것을 충분히 내 것으로 만드세요!

▶ 원칙

- 자기 자신에게 솔직하게 답한다.

- 한 번으로 끝내지 말고 주기적으로 체크한다.

▶ 체크리스트

- 꿈은 가시화될 때 의미가 있다. 나만의 장소에 나만의 방법으로 항상 볼 수 있게 해놓자.

- 내 의지를 절대 믿지 말라. 작심삼일을 꾸준히 122번만 하면 1년이다.

6

[6단계]
실전 연습을 통한 현실감 익히기

퇴사기준표 활용

시뮬레이션 게임이라는 것이 있다. 현실에 존재하는 자연법칙과 근간이 되는 특징에 따라 현실과 흡사한 환경을 구현하고, 입출력을 근거로 간접경험을 할 수 있게 만든 게임이다. 이를 통해서 전쟁, 경영, 건설, 비행 등에 관한 경험을 미리 해볼 수 있고 실제 그 상황에 몰입할 수 있다. 원래 시뮬레이션 게임은 실전 연습이나 워게임(War Game) 또는 교육 목적으로 만들어졌으나, 최근에는 오락용으로 인기를 얻으면서 현실을 얼마나 사실적으로 반영했느냐가 게임의 성패를 가르는 관건이 된다.

퇴사기준표는 이러한 시뮬레이션 게임의 한 종류로 볼 수도 있다. 게임은 아니지만 아직 현실이 아닌 퇴사에 대해 미리 경험하고 대비할 수 있는 환경을 마련해주기 때문이다. 특히 게임의 특성처럼 표의 입력 값을 얼마나 충실히 부여했느냐에 따라 결과 값의 완성도와 만족도가 달라진다.

그래서 퇴사기준표는 나에게 맞게 보다 정밀해질 필요가 있다. 현재의 퇴사기준표는 이를 위한 가장 기본적인 단계이며, 퇴사를 진지하게 고민해보고 실제 행동으로 옮기기 전에 고려할 많은 사항들을 미리 확인할 수 있다는 측면에서 공통 템플릿의 의미가 있다고 하겠다. 더불어 이 템플릿을 기초로 내용에 대한 개인적 가감을 통해 자신이 목표한 결과를 얻기 위한 선행 작업으로서 활용도를 높일 수 있다.

따라서 무엇보다도 제시된 양식을 바탕으로 몇 번이고 검토해보는 것이 중요하다. 같은 사항, 같은 항목이라도 시기나 처한 환경에 따라 그 결과가 다르게 나올 수 있다. 그래서 처음의 회사 환경을 자세하게 기록, 관리하고 주기적으로 체크할 필요가 있다.

주기적인 피드백

회사 환경을 작성한 뒤 세 가지 관점에 따라 질문에 대한 답을 최대한 솔직하고 상세하게 기술해봤을 것이다. 이 작업을 하면서 특이사항이 있다면 코멘트 난에 그 내용을 상세히 적어본다. 환경 정보, 퇴사 이유 등 테마별로 일괄 기록할 수도 있고, 각각의 테마에 속한 항목별로 적을 수도 있다. 무엇보다 잊지 않고 기록을 남긴다는 것이 중요하다.

그리고 개별 점수와 총점 간의 관계도 고민해볼 필요가 있다. 전체적인 점수에 따른 가이드도 유념해야 하지만, 각각의 항목별로 어떤 생각으로 답을 하면 어떤 결과가 나올지도 추적해본다. 이 양식은 사용하는 사람에 따라 사용법이 무궁무진하다. 그대로 사용해도 되고 내 입맛에 맞게 부분 변경하거나 아예 내가 원하는 형태로 바꿔볼 수도 있다. 다만 기존 구성과 의도한 바가 바뀔 수 있는 큰 틀에서의 변경은 권장하지 않는다. 이를 감안한 템플릿의 개선은 몇 가지 측면에서 생각해볼 수 있는데, 아래 세 가지 정도로만 짚어보고자 한다.

첫째, 각 항목별로 키워드와 코멘트를 추가할 수 있다. 각 항목 내에 세세한 사항들을 기술하고 주요 핵심 키워드도 같이 기술하면 추후 이를 연결 고리로 하여 뽑아낼 여러 원시 자료들을 만들 수 있다. 예를 들어 반복되는 키워드 횟수에 따른 가중치를 부여해볼 수도 있다.

항목	매우 그렇다 (5)	그렇다 (4)	보통 이다 (3)	아니다 (2)	매우 아니다 (1)	키워드	코멘트
퇴사 후 무엇을 할 것인지 정했다							

둘째, 각 항목에 대한 하위 질문을 구성해본다. 현재는 가장 대표적인 항목만 나열해놓았다. 그러나 상황에 따라 자체적인 하위 질문

이 가능하다. 이를 통해서 구성된 질문의 그루핑과 각 질문 간의 상호 연결로 추가적인 경로를 개발할 수 있다. 다만 하위 질문은 큰 틀이 변경되지 않는 선에서 사분면의 자료나 WBS상의 범위를 벗어나지 않게 구성하고, 하위 질문에 대해서는 5점 척도를 반영하지는 않지만 내가 생각하는 점수를 부여하고 각각의 이유를 추가적으로 기술해본다.

항목	매우 그렇다 (5)	그렇다 (4)	보통 이다 (3)	아니다 (2)	매우 아니다 (1)
1. 퇴사 후 무엇을 할 것인지 정했다					
1.1 담당 직무를 계속할 것이다 점수	(점)				
1.1 담당 직무를 계속할 것이다 이유					
1.2 새로운 일을 찾을 것이다 점수	(점)				
1.2 새로운 일을 찾을 것이다 이유					
......					

셋째, 다른 기준과의 조합이다. 즉 계획-실행-확인-반복에 대한 기본 사항을 확인하면서 실행할 항목에 대한 우선순위를 설정할 수 있다. 우선순위는 앞서 이야기했던 업무사분면에 따른 일의 중요도와 긴급도를 덧붙이는 형식이다. 이는 각 구분의 항목 중 판단이 필요한 것을 도출하고 WBS에 근거하여 전후 관계를 따지면서 풀어볼 수 있다. 그 양식의 예는 다음과 같다.

성공적 퇴사 준비를 위한 6단계 실전 로드맵

전후 관계 (WBS)	중요도/ 긴급도 분면	항목	매우 그렇다 (5)	그렇다 (4)	보통 이다 (3)	아니다 (2)	매우 아니다 (1)
1.2	①	퇴사 후 무엇을 할 것인지 정했다					

지금까지 퇴사기준표의 개선안에 대한 몇 가지 사례를 들어보았다. 중요한 것은 퇴사기준표를 작성하는 이유와 활용법이므로, 기초 양식을 충분히 습득한 뒤 개인적 취향이나 상황에 따라 수정, 개선해 가면서 십분 활용하기를 바란다.

▶ 원칙

- 템플릿을 충분히 활용한다.

- 템플릿의 기본 구성하에서 필요한 사항을 개선해나간다.

▶ 체크리스트

- 도구는 활용하기 나름이다. 내 입맛에 맞게 충분히 활용하면 기대 이상의 도움을 받을 수 있다.

- 시뮬레이션은 그 실행 결과가 중요하다. 그런데 결과에 따른 피드백을 다시 반영하여 의도대로 결과가 나오는지를 계속 확인해야 한다. 개선은 그렇게 현실로 다가온다.

- 시간에 쫓기지 말고 시간을 관리하자!

1년 1천 시간은 당신이 투자해야 할 최소한의 시간이다

치열한 경쟁 사회에서 어렵사리 입사에 성공했다 하더라도 첫 관문을 통과한 것일 뿐이다. 얼마 뒤에는 끝이 보이지 않는 또 다른 관문 앞에 서 있는 자신을 발견하게 된다. 같이 입사한 동기들은 나를 앞질러가고, 새로 들어온 후배들은 똘똘함과 패기로 뭉쳐서 언제든 나를 제치고 나갈 기세다. 상시적으로 내 자리와 위치가 위협받는 회사에서 내가 할 수 있는 일은 무엇일까?

최근 우리나라에서 자기계발을 하는 직장인들은 평균적으로 과반수가 넘는다. 그들 대부분은 이직을 위해, 또는 현재의 자기 자리를 지키기 위해 자기계발을 한다. 물론 자기계발의 중요성은 아무리 강조해도 지나치지 않다. 자신이 정한 목표를 이루고자 열심히 시간과 돈을 투자하여 무언가를 꾸준히 해낸다는 것은 대단한 일이다. 다만 주객이 전도되어 자기계발을 이유로 업무를 등한시하는 일은 없어야 하며, 자기계발을 위한 자기계발이 되어서도 안 된다. 그래서 많은 직장인들이 업무 중 토막시간을 쪼개가며 공부를 하고, 체력 관리를 위해 출퇴근 시간이나 점심시간을 운동 시간과 맞바꾸기도 한다.

1년, 1천 시간

말콤 글래드웰의 저서 《아웃라이어》에는 핵심 개념으로 1만 시간의 법칙이 나온다. 1만 시간의 법칙은 말 그대로 하루에 3시간, 주 20시간씩 10년, 총 1만 시간을 투자해야 한 분야에서 성공할 수 있다는 것이다. 일각에서 이러한 시간 투자에 대한 논란이 있기는 하지만 이 책이 말하고자 하는 것은 재능이나 노력 외에도 환경이 미치는 영향이 매우 크며, 그 중심에는 1만 시간을 만들어내는 개인의 의지, 결심, 행동이 있다는 것이다.

자! 하루에 3시간이면 당신에게는 어떤 시간인가? 사실 회사에서 근무하는 8시간은 하루의 3분의 1을 차지하는 엄청난 시간이다. 현실적으로는 8시간 이상을 회사에서 보내는 직장인들이 대다수일 것이다. 그렇다면 그 8시간을 어떻게 보내고 있는가? 3시간이 아니라 8시간을 투자해서 일을 하고 있는데, 그 일을 제대로 한다면 1만 시간은 10년이 아니라 3년 반에서 4년이면 만들어진다. 그런데 회사에서의 8시간을 제대로 사용하는 사람이 얼마나 될까? 우리나라 직장인들이 하루 중 업무에 집중하는 시간이 평균 2~3시간이라는 통계도 있는데 말이다.

자기계발에는 시간이 필요하다. 그런데 이 시간을 업무와 별개로 투자해야 한다면 출퇴근 시간이나 점심시간, 그리고 그 외의 시간을 십분 활용해야 한다. 퇴사 공부를 위해 1년만 투자하자고 했는데, 그러면 1년 안에 투자해야 할 시간은? 최소 1천 시간이다. 즉 1만 시간을 만들기 위한 하루 3시간을 1년만 투자해보자는 것이다. 1천 시간에 할 수 있는 것은 무엇이 있을까? 전문가를 만들기 위해 필요한 최소한의 시간, 기술고시를 준비하기 위한 최소한의 시간이 1천 시간이다. 따라서 당신이 퇴사를 준비한다면

1년간 하루에 최소한 3시간씩만 투자한다면 당신이 원하는 퇴사를 충분히 준비하고도 남을 것이다.

필자는 예전에 자기계발의 일환으로 국가자격증을 취득하기 위해 공부한 적이 있다. 그 시험은 경력이 어느 정도 쌓인 개발자들이라면 한번쯤 꿈꾸는 시험이었고, 보통 1천 시간가량 투자하면 그 시험을 볼 수 있는 기본적인 수준이 된다고들 했다. 물론 업무와 무관한 공부는 아니지만 대놓고 공부할 수는 없었기 때문에 업무 외의 시간을 투자해야만 했다. 게다가 1년이 아닌 6개월을 목표로 했었기 때문에 하루 3시간이 아니라 최소 6시간은 확보해야 했다. 방법은? 일단 잠을 2시간 줄였다. 그리고 출근과 퇴근에 소요되는 각각 1시간씩, 2시간을 확보하고 퇴근 이후 시간을 최대한 활용했다. 꼭 필요한 자리가 아니면 양해를 구하고 업무 시간에 집중하여 야근을 최소화했다. 도서관과 집을 오가며 2시간 이상을 만들고, 주말은 온종일 공부에 시간을 쏟았다.

회사에서 하는 일과 관련된 자기계발은 시간과 비용도 절약하면서 최대의 효과를 거둘 수 있다. 물론 필자가 시험공부를 했던 방식과 같이 업무 외의 시간을 확보하는 것은 너무나 힘들고 고된 일이다. 하지만 그 정도는 아니더라도 회사 일을 근간으로 자신의 외연을 넓히고자 하든, 회사 업무와 무관한 자기계발이든 이를 위한 시간 투자는 반드시 필요하다. 그리고 시간과 함께 돈을 투자해야 한다. 대부분의 자기계발에는 돈이 필요하며, 이를 아끼려고 하다 보면 아무것도 할 수가 없다. 투자한 만큼 더 이루고자 한다면 그만큼의 돈이 반드시 필요하다. 더 나아가 돈이 없다면 돈을 만들어서라도 투자를 해야 한다. 그래서 돈에 대한 계획과 목표가 필요하다.

나의 미래는 현재와 다를 것이다

미래는 내일이 아니라 바로 오늘, 지금이다. 지나간 과거는 아무런 소용이 없으니 눈길을 두지 말자. 오늘을 어떻게 사느냐가 당신의 미래를 결정할 것이다. 당신이 꿈꾸는 미래는 과거와 다를 것이고 현재보다 더욱 성장해 있을 것이다. 그러니 퇴사 공부로서의 자기계발을 떳떳하게 하자. 회사 눈치를 볼 필요가 없다. 나의 자기계발은 퇴사 공부이고, 이는 바로 회사에서 내가 하는 일이기 때문이다. 이 자기계발로 당신은 발전할 것이고 당신으로 인해 회사도 더 발전할 것이다. 그래서 자기계발에 투자하고 퇴사 공부에 투자해야 한다.

앞서도 이야기했지만 1년에 최소 1천 시간, 하루에 최소 3시간을 확보해야 한다. 이는 정말 최소한의 시간이다. 바쁜 업무로 시간을 내기가 어렵다고 주저한다면 평생 그 시간을 만들 수 없다. 생각을 무조건 바꿔야 한다. 안 되는 것을 걱정할 것이 아니라 되는 것을 고민해야 한다. 그러면 반드시 길이 보이고 방법이 생긴다. 남들과 똑같이 해서는 항상 그 자리다. 생각을 바꾸고 행동해야 한다.

1년, 1천 시간은 결코 많은 시간이 아닌 내가 확보해야 할 최소한의 시간이다. 최소한의 돈이다. 당신은 퇴사하기로 마음먹었기 때문에 당연히 자기계발에 투자해야 한다. 자신감을 가지고 효율적인 시간 관리로 최대의 효과를 내보자. 일단 행동에 옮기고, 그 결과가 가져올 이미지를 항상 머릿속에 그리며 눈에 보이게 조합하여 만들자. 그 밑바탕에는 누구도 부정할 수 없는 1천 시간이 있다.

사표는 회사에 입사하는 그날 바로 써야 한다.

입사가 끝이 아니라는 것을 사표에 새겨 마음을 다져놔야 한다.

그래야 때가 오면 주저하지 않고 바로 낼 수 있다.

사표를 써놨기에 분명 준비를 해왔을 것이다.

아직 준비가 안 되어 있다면 굳이 서두를 필요가 전혀 없다.

그 시간에 준비를 하고 때를 기다리자.

분명 그날은 온다.

5

아무도 알려주지 않는
퇴사의 비밀

1
준비 없는
퇴사는 위험하다

어릴 적 푸른 제복을 말끔히 차려입은 모습에 반해 시작한 보이스카우트의 단복에는 목에 두르는 삼각형 네커치프가 있었다. 스카우트복의 가장 큰 특징 중 하나로, 돌돌 접어 말아 목에 걸면 무지개 모양이 나오는 천이었다. 그런데 단지 멋진 패션의 일환이겠거니 했던 네커치프는 알고 보니 유사 시 삼각건이나 어깨끈 또는 지혈 도구 등 다용도의 천이자 스카우트 선서와 규율의 실천을 다짐하는 의미로 항상차리고 있다는 '준비'를 뜻했다. 그래서 스카우트 인사가 '준비'였었다.

이 네커치프를 실제로 사용해본 적은 없지만 우리가 살아가는 동안 이런 네커치프가 필요한 상황에 놓일 때가 많다. 특히 사회에 나오고 회사에 첫발을 내딛으면서 내 마음 속에는 네커치프를 미리 준비해야 했다. 직장인에게 사표도 미리 준비해놓아야 할 또 하나의 네커치프가 아닐까?

2016년 취업포털 잡코리아가 1,139명의 직장인을 대상으로 언제 퇴사 충동을 느끼는지 설문을 실시한 결과 열악한 근무 환경 30.9%, 원만하지 못한 인간관계 16.4%, 일이 재미가 없고 적성에 맞지 않을 때 13.9%, 계속되는 야근과 격무 10.5%로 조사되었다. 실제 이런 이유로 사표를 쓰기도 하지만 사표를 호기롭게 제출하지 못한 채 계속 일하는 가장 큰 이유는 금전적 이유가 47.6%, 괜찮은 직장을 알지 못해서가 17.8%, 이직 기회를 잡지 못했기 때문이 16.8%, 일시적인 충동이어서가 12.2%였다.

앞서 1장에서 언급한 〈요즘 젊은 것들의 사표〉라는 다큐멘터리에도 2030세대의 솔직한 이야기가 나온다. 출연자 대부분이 요즘 점점 더 어려워지는 취업 현실을 대변하듯 평균 13개월가량의 취업 준비 기간을 거쳐서 어렵게 입사를 했다. 그런데 입사한 지 약 18개월 남짓 만에 퇴사를 하고 만다. 이들이 꼽은 퇴사 이유로는 조직이나 직무에 적응하는 데 실패했기 때문이라는 응답이 49%나 차지했다. 그 뒤를 이어 잦은 야근과 회식 때문이라는 응답이 약 12%였다.

이들은 힘들게 공부해서 취업에 성공했으나 개인의 꿈과 사생활이 보장되지 않는 조직 생활보다 자신의 행복을 우선순위에 두고 퇴사를 결심했다. 기성세대들은 '돈'과 '가정의 행복'을 위해 끝없이 인내했지만 요즘 젊은 세대는 '자기 자신'을 위해 과감히 사표를 던지는 것이다. 이들을 두고 "요즘 젊은이들이란……" 하며 혀를 끌끌 차는 이들도 많겠지만, 이집트에서 발견된 기원전 196년의 로제타석에도 "요즘 젊은 세대는 대체로 이해할 수가 없다"고 쓰여 있었다니 21세기 젊은이들만의 특징은 아닐 것이다.

퇴사의 이유가 무엇이든 간에 중요한 것은 준비되지 않은 퇴사는 위험하다는 것이다. 그 누구도 퇴사로부터 자유로울 수는 없지만 일시적이고 충동적인 퇴사만큼 무모한 일은 없다. 아무런 준비 없이 당장의 괴로움이나 불만을 회피하고자 순간의 충동으로 사표를 던진다면 이는 실패의 문을 향해 제 발로 걸어가는 꼴이다. 만약 퇴사 공부를 하던 중에 퇴사 충동에 흔들린다면 처음으로 돌아가 내가 퇴사를 해야 할, 퇴사를 공부해야 할 이유부터 다시 짚어봐야 한다. 그리고 초심으로 돌아가 내가 목표한 퇴사를 위해 계획을 충실히 이행하고 있는지, 잘못된 궤도를 계속 수정해가며 나아가고 있는지에 대한 판단과 반성 그리고 지속적인 노력이 필요하다. 일시적인 감정이나 충동으로 그동안 준비해온 퇴사 공부를 중단해서는 안 된다. 인생의 방향타를 180도 꺾는 전환점으로서의 퇴사는 준비되어 있지 않다면 100% 실패하게 마련이다.

조급함을 버리고 1년을 준비하자. 내가 성취하고자 한 목표에 얼마만큼 다가갔는지 지속적으로 확인하자. 업무사분면과 체크리스트를 항상 옆에 끼고 있어야 할 이유, 퇴사기준표를 주기적으로 체크해야 하는 이유가 바로 여기에 있다. 나의 소중한 시간을 헛되이 하지 말고 항상 돌아보고 또 돌아보자. 퇴사 이후의 비전을 이미 보았기에, 나의 변화와 노력이 1년 뒤 나를 어떻게 바꿔놓을지 알기에, 서두르지 말고 차근차근 밟아나가면 된다. 무엇이든 준비에는 시간이 걸린다. 그 시간을 마련하기로 했고 1년을 보냈을 것이다. 이는 순전히 나의 몫이고 나의 결정이다. 1년이란 시간을 밀도 있게 투자하고 결정해야 한다. 최종 선택 또한 내가 하는 것이다. 만약 준비가 부족하다고 느껴진다면 사표는 다시 품속에 넣기 바란다. 모든 일에는 때가 있다. 아직 준비가 안 되어 있다면 굳이 서두르지 말고, 그 시간에 더 준비해서 때가 무르익기를 기다리자. 분명 그날은 오게 돼 있다.

당신은 책임감 있는 사람인가?

책임감은 하늘에서 떨어지지 않는다. 지금 당장의 상황을 회피하려 들기 전에 평소 자신이 얼마나 책임감 있게 행동하는지를 스스로 돌아봐야 한다. 그 물음에 떳떳하고 다른 사람들에게 피해를 주지 않는다면 한 고비는 넘길 수 있을 것이다.

예상되는 위험을 정확히 파악했는가?

충동적 퇴사 후, "차라리 회사 다닐 때가 좋았어!"라고 말하고 싶은가? 충동적인 퇴사는 일시적으로는 편안함과 해방감을 가져다줄지 몰라도 더 큰 걱정과 후회, 불안을 동반하게 마련이다. 많은 변수를 위험으로 인지하고 대비해야 한다. 문제의식을 갖고 있다면 평소에 여러 위험 상황을 미리 확인하고 어떻게 대비해야 할지 방법을 찾아보자.

어떠한 위험도 감수할 자신이 있는가?

그럼에도 불구하고 위험에 맞설 수 있는 역량이 된다면 문제없다. 위험에 대응하기 위한 다양한 솔루션을 가지고 있고 충분히 감내할 수 있다면 그것으로도 충분하다.

2

퇴사, 입사보다 몇 배 더
치밀하게 준비해야 한다

1년 전 받아 쥔 나의 평가표를 지금도 잘 간직하고 있는가? 1년 전 썼던 근로계약서를 깨끗한 바인더에 잘 보관하고 있는가? 그 문서들이 어디 있는지 모르고 내용도 가물가물하다면 당신은 직장인으로서 자격이 없다. 퇴사를 공부하기로 마음먹은 사람으로서 당신의 태도는 불합격이다.

"생명체는 살아가는 행위 그 자체를 통해 스스로를 늘리고 키워간다. 언제나 '더 크고 많은 상태'를 향해 나아가는 것이다. 생명체는 자신의 존재를 지속하려면 그렇게 할 수밖에 없다. (중략) 이렇듯 우리는 생명력과 확장에 대한 강렬한 욕구를 지니며, 이는 더 많이 알고 더 많이 행동하고 더 발전된 존재가 되게 우리를 인도한다."

미국의 신사상 및 자기계발 분야의 대표적 작가인 월러스 워틀스의 《소중한 나를 부자로 만들어주는 지혜》중 한 구절이다. 자연은 생명의 진보와 번성을 위해 움직이며, 발전은 우리가 살아가는 가장 중요한 목적이라고 이 책은 말한다. 우리가 살아가는 모든 행위는 우리가 발전하기 위함이고, 이를 위해 우리는 매사에 노력을 기울여야 한다는 것이다. 성장을 담보로 하지 않는 생명은 아무런 의미가 없다. 태어난 것이 중요한 것이 아니라 살아내는 것이 중요하다. 나는 나를 성장시켜야 할 의무가 있다.

우린 초등학교에 들어가면서부터 꿈보다는 어떤 학교나 어떤 회사를 먼저 염두에 두어야 하는 사회에 살고 있다. 물론 열심히 공부해서 좋은 대학에 가고 좋은 직장에 들어가면 더 행복해진다는 말도 안 되는 공식이 많이 깨지기는 했지만, 행복의 척도를 가늠하는 생각의 변화는 여전히 더디기만 하다. 그래서 자의든 타의든 엄청난 시간과 노력을 투자해서 공부하고 입사를 한다. 반면에 이 지독하고 혹독한 과정에 비해 퇴사는 너무나 짧은 시간에, 충분한 고민이나 제대로 된 준비를 못 한 채 내몰리는 경우가 많다.

입사한 것이 중요한 것이 아니라 언제든 퇴사를 해도 될 만큼 나를 단련하고 키워내는 일이 중요하다. 그러려면 퇴사도 입사만큼이나, 아니 몇 배 더 철저히 준비하고 공부해야 한다. 퇴사는 끝이 아니라 당신 인생의 또 다른 시작이기 때문이다.

　필자는 소프트웨어 개발자로 직장 생활을 시작했고 평생을 개발자로 살 것이라고 생각했다. 그렇게 13년이 지난 시점에서 기획으로 직무를 변경하려고 하니 두려움과 불안함이 밀려와서 정말 오래 고민을 했었다. 완전히 다른 직무 전환으로 돌아올 수 없는 강을 건너는 것은 아닐까 두려운 나머지 심각하게 사직을 고민하기도 했다. 하지만 결단을 내려야 했다. 보통 직무 전환 후 2년 안에만 돌아오면 크게 문제가 되지 않는다는 동료의 말을 믿었다. 그런데 2년은 순식간에 지나갔고, 10년을 바라보는 때에 이르러서야 전혀 별개라고 생각했던 두 분야는 결코 별개가 아니었으며 모든 것이 하나의 뿌리에서 비롯되었음을 깨달았다. 그리고 더 늦기 전에 새로운 도전을 시작해야 한다는 결심을 하기에 이르렀다. 바로 이것이 필자가 퇴사 공부의 필요성을 절감하고 체계적으로 시작하게 된 계기다.

　20세기 최고의 물리학자이자 지성으로 불리는 아인슈타인은 죽을 때까지 공부를 했다고 한다. 제자들이 이미 최고의 경지에 오른 지식을 가지고도 왜 배움을 멈추지 않느냐고 질문하자 아인슈타인은 이렇게 이야기했다고 한다.

　"이미 알고 있는 지식이 원이라면 원 밖은 모르는 부분이며, 이 원이 커지면 원의 둘레도 점점 늘어나 모르는 미지의 부분이 더욱더 커지게 된다. 비록 내가 가진 지식이 여러분의 것보다는 크다고 하나, 내가 접촉할 미지의 세계는 그만큼 더 넓고 많으니 이는 모르는 것이 더 많다고 할 수 있다. 그러니 어찌 게으름을 피우고 배움을 멀리할 수 있는가?"

퇴사 공부를 시작한 당신이 현재 알고 있는 것은 내일의 당신이 필요로 하는 것에 미치지 못한다. 그렇기 때문에 끝없이 열과 성의를 다해 배우고 배워야 한다. 예전에 우리가 입사에 실패할까 두려워 수없이 학습하고 복습하며 입사 시험의 시뮬레이션을 돌려봤듯이, 퇴사 공부 역시 퇴사 후 벌어질 일들에 대한 시뮬레이션의 반복을 게을리하지 않아야 한다. 입사의 목표는 합격이지만 퇴사의 목표는 곧 당신 인생의 목표이기 때문이다.

퇴사라는 관문의 중심에 당신이 서 있다. 1년 전 내 마음이 지금과 같을 수 없으며, 1년 전 내 상황이 지금과 같아서는 안 된다. 내 미션과 비전을 확인했고 1년의 비전을 결정했으며 1년을 위해 달려온 당신은 충분히 스스로를 성장시켰다. 이제 그 결실을 목전에 둔 시점에서 다시 한 번 자기 확신을 굳건히 하기 바란다. 믿음은 자기 확신을 통해, 자기 확신은 행동을 통해 만들어진다. 그러니 한시도 소홀함 없이 나의 책임과 의무를 다해야 한다. 아주 치열하게 말이다!

Why 퇴사의 이유

퇴사를 왜 하는지, 퇴사를 결심하게 된 원인이 무엇인지 감정적인 부분을 배제하고 객관적으로 냉정하게 확인해야 한다. 이를 위해 1년 전 받아 쥔 나의 평가표와 1년 전에 썼던 근로계약서를 다시 꺼내 볼 필요가 있다. 가장 많은 고민이 필요하고 가장 먼저 찾아야 할 답이다.

What 퇴사의 목적

퇴사 후 무엇을 할 것인가? 퇴사를 위해 무엇을 할 것인가? 그 준비의 답은 퇴사 공부다. 우리는 지금껏 이 퇴사 공부를 하기 위한 방법론과 예들을 살펴봤다. 퇴사를 선택한 당신은 퇴사 공부를 할 것이고 해야만 한다.

How 퇴사공부 방법

퇴사공부 방법이다. 1년 1천 시간을 위해 하루 3시간씩 투자한다. 그 3시간은 업무 외 시간이 아니라 업무와 병행하여, 업무 시간 안에서 이루어진다. 즉 업무가 당신의 퇴사를 돕는 공부인 셈이다. 끈기 있게 목표를 잃지 말고 1년간 지속해야 할 공부다.

3
완벽한 준비보다
퇴사의 타이밍이 중요하다

완벽(完璧)은 흠이 없는 구슬이란 뜻으로 사마천이 쓴 통사《사기》의 〈염파 인상여 열전〉에서 유래한 말이다. 조나라 혜문왕 때 매우 귀한 구슬이 하나 있었는데, 진나라 소양왕이 이 구슬을 탐내면서 두 나라 간의 갈등이 깊어졌다. 하지만 조나라의 인상여란 자가 꾀를 내어 구슬도 지키고 나라도 지킬 수가 있었다. 이렇게 인상여의 기지와 용기로 다시 찾은 구슬, 완전무결한 이 구슬은 '화씨지벽(和氏之璧)'이라고도 하며 천하의 명옥을 일컫는다. 그런데 이런 구슬이 세상에 있을 턱이 없다. 설령 그 구슬에 흠이 있다 할지라도 사람의 눈으로 볼 수 없는 것이었다. 이렇듯 사람의 욕심이 만들어낸 완벽은 그 존재만으로도 위험하고 많은 사람을 힘들게 한다.

그렇다면 완벽은 눈에 보이는 결과가 아니라 과정이 아닐까? 우리는 다만 완벽해지기 위해 노력할 뿐, 완벽이라는 상태는 애초부터 존재하지 않는다. 그러나 비록 완벽에 도달할 수는 없을지라도 그 상태를 지향하며 도전하고 성장하기를 그치지 않는 과정, 바로 그 자체에 완벽이 깃들어 있는 것이 아닐까? 어쩌면 완벽은 우리를 성장하게 하고 아름답게 만들어주는 어여쁜 구슬인지도 모른다.

완벽도 실행이 먼저다

직장에서 우리는 완벽을 기하기 위해 최대한 노력을 한다. 다만 완벽이 목적이 되어서는 절대로 안 된다. 완벽을 기하다 보면 정작 중요한 것을 놓치게 된다. 퇴사 공부도 마찬가지다. 당신은 완벽할 수 없는 존재이며, 다만 완벽해지려고 노력을 할 뿐이다. 여기에 목숨 걸지 말자.

그렇다면 퇴사의 타이밍을 언제로 잡아야 할까? 최선의 방법은 내가 계획한 퇴사 시점에 맞춰 퇴사 공부를 완벽하게 마치고 퇴사를 하는 것이다. 하지만 이렇게 모든 계획이 착착 맞아 떨어지는 경우는 많지 않다. 분명 공부를 하다 보면 한두 가지씩은 충족되지 않는 여건 속에서 퇴사를 고민해야 할 때가 더 많을 것이다.

퇴사 공부의 목적은 충동적이고 감정적인 퇴사를 지양하고 체계적인 준비 과정을 통해 나를 발견해가기 위해서다.

퇴사하기까지의 과정은 나를 정비해나가는 완벽을 추구하는 행동이 된다. 이 과정 중에서 퇴사 공부는 당신이 성공적으로 퇴사할 수 있게 해주거나 또는 당신을 회사에서 더 높고 좋은 위치로 안내하게 될 것이다. 그 과정은 완벽할수록 좋다. 그러나 자칫 완벽을 추구하다 보면 정작 기회를 놓칠 수도 있다. 완벽할 때까지 기다릴 필요는 없다. 완벽에도 유연함이 필요한 순간이다.

첫째, 경제적인 측면이다.

퇴사 시점은 내가 결정할 수 있지만 회사 환경에 따라 타인의 의지가 개입되는 경우도 있다. 퇴사를 결정하기 전, 내가 취할 수 있는 혜택(성과급, 인센티브, 퇴직 위로금, 연차 수당, 퇴직금 등)에 대해 찬찬히 살펴봐야 한다. 즉 내가 계획한 퇴사 공부로 얻게 될 것과 회사에서 받을 수 있는 혜택을 저울질해 보는 것이다. 물론 지금 당장의 상황이 퇴사 공부의 이득보다 더 크다면 서두를 필요는 없다. 단, 퇴사 공부 이후에 얻게 될 혜택의 가능성이 더 크다면 퇴사 시 혜택을 취하고, 퇴사 공부에 따른 상이한 부분은 어떻게 보전할 것인가에 대한 추가적인 계획 변경과 방법을 모색해야 한다. 또한 적절한 절충안으로 답을 마련할 수도 있을 것이다.

둘째. 준비의 적절성이다.

퇴사 공부는 준비의 단계이자 과정이며 결실이다. 다만 처음 계획을 수립할 때부터 공부 결과의 수준을 정할 필요가 있다. 여기에는 숫자로 표현할 수 있는 정량적인 목표와 결과도 있지만 정성적인 부분도 상당히 포함된다. 그렇다면 내가 100이란 숫자를 목표로 했을 때 달성도는 90~110처럼 위아래 일정 부분 여유를 두고 탄력적으로 운영해야 한다. 즉 완벽을 추구하지만 그 기준선을 정하자는 것이다. 그러지 않을 경우 목표 대비 성과에는 항상 못 미치고, 진행 중이거나 완료가 되더라도 시일이 늦어져서 전체적인 계획에 차질이 생기기 때문이다.

4
평생직업의 시대, 당신의 플랜B는?

앞으로 평생직장이란 단어는 사라질 것이다. 정년퇴직이 보장되지 않는 사회, 우리 모두가 퇴사의 타깃이 될 수 있다. 그래서 누구에게나 퇴사의 순간은 반드시 온다. 이미 많은 기업들이 고용 안정을 보장해준다는 탈을 솔직하게 벗어버렸다. 신입 사원을 대상으로 희망퇴직 신청을 받는가 하면, 영원히 호황을 누릴 것 같던 산업들이 하나둘 무너지는 변화를 우리는 지금 눈앞에서 목격하고 있다. 이제 평생직장이 없다는 것을 확인했고 평생직업을 찾는 시대가 왔다.

당신이 퇴사를 마음먹고 공부한다는 것은 당신의 인생을 개척하고 평생직업을 통해 스스로 소속을 만든다는 점에서 매우 중요한 전환이다. 이는 직업 자체의 중요성보다도 직업을 위한 나의 신념과 가치관이 어떠한지가 제일 먼저 중요하게 다뤄져야 한다는 이야기다. 내가 정의한 자유를 누리고 실현할 수 있어야 평생직업으로 만들 수 있다. 이기적인 단호함으로 퇴사 공부를 하나씩 해냈을 때 나만의 평생 직업을 가질 수 있다.

그래서 평생직업은 가슴 뛰는 일이어야 한다. 회사 생활을 하면서 죽은 듯 지낸다는, 열정이 식었다는, 재미가 없다는 식의 이야기를 스스럼없이 하고 있다면 이를 걱정하고 두려워하고 창피해하고 경계해야 한다. 당신에게 동기를 부여하고 당신을 자유롭게 하며 당신을 이 세상에서 가장 소중한 사람으로 대할 사람은 당신 한 명뿐이기 때문이다.

인생은 충분히 짧다. 영국 극작가 버나드 쇼의 묘비명 "우물쭈물하다가 내 이럴 줄 알았지"라는 말이 너무나도 가슴에 와 닿는다면 매 순간순간이 마지막이어야 한다. 내가 결정하고 선택한 이 순간부터는 좀 있다가 해봐야지 하고 미루지 말자. 하루하루가 같은 날이 되지 않도록 자신을 채찍질하자. 인생은 아무것도 못 하거나 뭔가 해내거나 둘 중 하나다. 그리고 골을 넣으려면 일단 공을 차고 봐야 한다. 퇴사를 결정한 당신은 퇴사 공부를 선택했다. 이제 1년간 매일 3시간의 퇴사 공부로 당신만의 무기를 만들었을 것이다. 바로 당신의 커리어플 랜B 말이다.

당신 인생의 플랜B는 무엇입니까

다양성과 불확실성이 점증하는 세상을 살아가는 데 있어 시행착오를 줄이고 내 목적에 부합하는 일을 추구하려면 많은 플랜을 세울 필요가 있다. 그렇다면 퇴사를 고려한 플랜B를 계획할 때 체크해야 할 것은 무엇일까?

- 플랜이 멀티일수록 실패 가능성이 줄어든다

플랜B는 플랜A가 합당하지 않거나 차질이 생겼을 때 꺼낼 수 있는 카드다. 언제 카드를 내밀어야 할지 모르기 때문에 가급적 다양한 변주의 플랜이 필요하다. 플랜은 플랜B, 플랜B1, 플랜B2처럼 궤도 수정이 가능한 여러 개를 가지고 있어야 한다. 각각의 상황을 주요하게 판단할 수 있는 관점을 점검하고, 과거의 성공과 실패 사례를 분석하여 시행착오를 줄이고, 당신의 목적에 맞게 수정하거나 새롭게 만들어야 한다.

- 퇴사 공부 후 퇴사할 것인가 vs. 남을 것인가

퇴사 공부 후 회사를 떠날 것인가 남을 것인가에 대한 판단이 필요하다. 떠난다면 퇴사 이후 향방에 대해서 고민해야 한다. 이직, 전직, 창업, 진학, 귀농/귀촌, 휴식, 여행 등 기간과 여건을 고려하여 다음 기점을 잡아야 한다. 퇴사가 끝이 아니라 새로운 시작임을 당신은 누구보다 잘 알 것이다. 남는다면 현재의 나로 만족하면 안 된다. 퇴사 공부를 시작한 당신이기에 이제 당신의 모든 것이 바뀌어야 한다. 그리고 당신이 원하는 곳에 1년 뒤 가 있어야 한다. 그것이 나에 대한, 회사에 대한 예의다.

- 질문에 질문을 더하라

퇴사 공부는 미래에 대한 불안과 두려움의 감정적 딜레마를 제거하고 논리적으로 나를 알아가는 일이다. 감성적으로 참 괜찮은 당신이었다면 이제 이성적으로도 멋진 사람이 되도록 노력해야 한다. 혹자신에 대한 문제를 발견했을 경우, 이를 최소한으로 줄이고 올바른 방향으로 가려면 나에게 물어야 한다. Why So? So What? 하나의 질문을 선택할 것이 아니라 두 가지를 모두 물어야 한다. 나에 대한 문제를 정의해야 한다. 한 질문은 결론을 판단을 하기 위함이고, 다른 질문은 결론을 도출하기 위함이다. 모든 질문에 추가 질문하라!

Why So? So What?

- 하루 3시간, 타이밍 만들기

우리에게 하루 24시간은 언제나 부족하다. 그래서 따로 퇴사 공부를 시작하기에는 물리적 시간의 압박 역시 심하다. 지금 당장 '시간부족' 평계는 접고 현재 내 시간을 어떻게 사용하고 있는지부터 확인하자. 필요하다면 하루를 5분 단위로 나눠 짧게는 일주일에서 길게는 한 달까지 매일 9시부터 6시까지 내 시간의 활용처와 내용을 파악해야 한다. 그렇게 정리된 내용을 분석한 뒤 스스로에게 물어야 한다.

시간을 더 아낄 수 있나? 아니면 없는 시간을 쪼개서 만들어야 하는가? 하루에 3시간을 확보하기 위해 나에게 필요한 것은 무엇인가?

- 변화를 수용할 것인가 vs. 변화시킬 것인가

변화는 나로부터 시작된다. 이때 변화를 받아들이는 주체에서 변화를 이끄는 주체로 내가 바뀌어야 한다. 나를 둘러싼 여러 환경들과 각종 변수에 어떻게 대처할 것인지 정해야 한다. 즉 모든 것을 수용할 것인가, 아니면 판을 흔들어 새로운 프레임을 만들 것인가? 둘 다 쉬운 결정은 아니다. 수용은 현재의 장단점을 파악했다는 가정하에 나에게 맞는 답을 찾는 것이다. 변화시킨다는 것은 다시 돌아보고 건드려보고 질문을 던져서 그 경험과 결과로 답을 만드는 것이다.

지금까지 우리는 퇴사 공부에 대해 많은 이야기를 나눴다. 물론 퇴사가 모든 문제의 해결책은 아니다. 다만 내가 뜻한 바가 있고, 그것을 이루기 위해 퇴사를 공부하고, 성공적인 퇴사로 목적한 바를 이루었다면 그 문제에 대한 해답은 구한 셈이다. 퇴사가 언제 어떠한 모습으로 당신에게 다가올지는 모르겠지만 직장인으로 입사 후 그저 앞만 보고 달려온 당신이 어느 날 문득, 준비 없이 맞이하는 황당함을 겪지 않도록 사전에 플랜B를 준비해야 함을 명심하자.

플랜B는 멀리 있지 않다. 지금 당신이 하고 있는 퇴사 공부가 바로 플랜B다. 당신은 이미 퇴사기획자고 당신의 기획에 따라 당신의 인생을 개척하고 있다. 매일매일 3시간을 당신의 업무에서 확보하고 공부하라. 이것이 당신의 첫 번째 플랜B다.

　사표는 회사에 입사하는 그날 바로 써야 한다. 입사가 끝이 아니라는 것을 사표에 새겨 마음을 다져놔야 한다. 그래야 때가 오면 주저하지 않고 바로 낼 수 있다. 사표를 써놨기에 분명 준비를 해왔을 것이다. 아직 준비가 안 되어 있다면 굳이 서두를 필요가 전혀 없다. 그 시간에 준비를 하고 때를 기다리자. 분명 그날은 온다.

퇴사를 결심했다면 새 명함, 장지갑, 2개의 통장을 준비하라

"어느 날 아침 눈을 뜨니 머리가 무겁다. 창밖엔 비가 추적추적 내린다. 궂은 날씨에 밥을 먹는 둥 마는 둥 출근 채비를 하고 차에 몸을 싣는다. 길은 막히고 차는 꿈쩍도 하지 않는다. 라디오를 켜고 마음을 진정시켜보지만 짜증이 스멀스멀 올라온다. 잠깐 생각을 하다가 이내 휴대폰을 집어들고 회사로 전화한다. '접니다! 차가 너무 막혀서요. 오늘자로 퇴사하겠습니다. 그렇게 아시고 퇴직금은 넣어두십쇼!' 전화를 끊자마자 차를 돌려 동해바다를 보러 간다."

동료들끼리 삼삼오오 모여서 주고받는 실현 가능성 없는 퇴사 시나리오 중의 하나지만 마음이 설레는 건 왜일까? 막연한 그림이 아닌 구체적인 상황과 멘트 하나까지도 진지하게 상상해서일 것이다. 그렇다면 내가 꿈꾸는 퇴사는 어떤 것일까? 퇴사 후 모습은? 퇴사를 위해 무엇을 해야 하지? 이 여러 질문에 스스로 아주 상세하고 구체적인 답을 해야 한다. 그 무엇을 상상하든 이루어지기 때문에.

지금 이 글을 보고 있다면 앞으로가 궁금해서 읽는 독자도 있겠지만 이미 그 준비를 마치고 자신이 꿈꿔온 퇴사와 퇴사 이후를 현실로 만들 위치와 시간에 와 있는 독자도 있을 것이다. 모두가 방법은 다르겠지만 꿈을 그린다는 것의 목표는 동일하다. 하지만 머릿속 생각을 종이에 그려보았는가? 상상한 최종적인 결과 이미지를 이제는 실제로 그려보아야 한다. 단지 꿈이 아닌 실제 눈앞에 현실로 만들어볼 퇴사의 꿈을 위하여 나 자신을 위한 세 가지 도구를 준비해보자.

당신이란 브랜드가 적힌 유일무이한 새 명함

그동안 회사라는 거대 조직이 만들어놓은 범주에서 벗어나 당신만의 독보적 명함을 만들어라. 직장인은 으레 회사라는 울타리만 벗어나면 아무것도 아닌 존재이건만 명함 한 장으로 웃다 울다 한다. 그렇다면 이제는 나만의 명함을 가져보자. 퇴사 후 이직을 통해 새로운 명함을 받을 수도 있지만 그와 별개로라도 나만의 명함이 필요하다. 이 명함은 미래의 나를 브랜딩해주는 하나의 징표로 필요할 때 사용할 것이다. 더 이상 어떤 회사, 어떤 조직에 몸담고 있다는 것을 말해주는 것이 아니라 퇴사 공부를 통해 세상에 알리고 싶은 나를 명함으로 만드는 것이다.

명함을 만드는 데는 어떤 디자인에 어떤 내용을 넣을 것인가가 중요하다. 앞으로 내가 변화될 모습을 가장 잘 나타내는 디자인과 메시지를 넣어 명함을 준비해보자. 마음에 드는 명함 제작 사이트를 골라서 직접 명함을 디자인해보아도 좋다.

나만의 명함이 가진 아이덴티티의 역할은 생각보다 강렬하다. 오롯이 세상에 하나밖에 없는 나만의 명함이 출력되어 나오는 순간, 누군가에 손에 쥐어져 그가 명함을 응시하는 그 순간이 주는 강렬함은 처음 입사하여 사원증을 받았을 때보다 더 뜨거울 것이다. 그 순간부터 내 마음가짐이 달라질 것이다. 아직 없다면 바로 오늘 당신만의 명함을 만들자!

자신에게 멋들어진 장지갑을 선물하라

자신의 부를 깨워줄 마법 같은 6가지 지갑 이야기를 담은 책 《마법의 지갑》은 진짜 부자는 돈을 소중히 다룰 줄 알아야 한다고 역설한다. 그리고 아무리 보잘것없는 액수의 돈이라도 함부로 지갑에 구겨 넣지 않아야 한다고 말한다. 돈을 소중히 다루게 되면 돈에 목표의식이 생기고 돈의 가치를 발견할 수 있게 된다는 의미다. 지갑은 돈을 담는 그릇이자 자신이 갖는 부의 가치를 간접적으로 피력하는 상징적 도구다. 내가 꿈꾸고, 그 꿈을 이루기 위해 정당하게 노력하고, 일을 통해 얻는 진정한 부를 이루는 개념 말이다. 이는 내가 직접 만들 수 있는 이미지이고 나 스스로를 격려해주는 도구다. 이땐 지갑이 제격이다. 돈도 하나의 인격체다. 내가 돈을 소중히 생각하고 잘 대접하는 만큼 돈도 나를 똑같이 대한다. 그래서 돈을 보다 깨끗하고 단정하게 사용할 수 있는 장지갑을 권한다. 필자가 처음 장지갑을 장만하러 갔을 때 숍 매니저가 넌지시 던진 부자들은 주로 장지갑을 쓴다는 이야기가 허투루 들리지 않는 까닭이다.

첫 월급 통장을 만들던 각오로 2개의 통장을 만들어라

통장도 명함이나 장지갑만큼이나 이미지 트레이닝에 좋은 수단이다. 이는 당장의 액수보다 존재 자체에 의미가 있다. 부자들이 통장을 쪼개고 나누어 돈을 분배하듯 우리도 바로 2개의 통장을 만들자. 첫 번째 통장은 먼저 퇴사를 공부하면서 계획한 플랜B를 이뤄내기 위한 종자돈을 관리하는

용도로, 단기 목표를 주기별로 가시화하고 유용하게 사용하기 위한 목적으로 운용하면 좋을 통장이다.

두 번째 통장은 미래의 내 모습을 상상하고 그 수입을 관리할 통장이다. 이 통장은 짧게는 3년, 길게는 10년 이상 가지고 갈 수 있게 설계한다. 현재의 급여 통장이 아닌 퇴사 이후 내 인생을 위한 새로운 통장으로 만들어야 한다. 이 통장은 지금 당장엔 비어 있겠지만 장차 내 꿈이 이뤄지는 만큼 차곡차곡 잔고가 쌓일 것이다.

자! 지금 당신 손에는 새로 받은 새하얀 명함, 당신을 부자로 만들어줄 장지갑, 그리고 목표한 액수가 적힌 통장이 있다. 이제 필요한 것은 지난 1년 동안 퇴사 공부를 통해 단련된 마인드와 업그레이드된 커리어를 더욱 강화시켜 기가 막힌 타이밍에 성공적 퇴사를 하는 것이다. 어떤 이유로 퇴사를 하든 그 세 가지는 미래를 향한 열정의 불쏘시개 역할을 충분히 해줄 것이다. 힘들고 지칠 때마다 이 세 가지를 가슴에 품고 기운을 불어넣자! 이 세 가지 보물은 충분히 고민하고, 알차게 준비해서 퇴사라는 새로운 문을 열어젖힌 당신을 틀림없이 좋은 곳으로 데려다줄 것이다.

직장인
퇴사
공부법

초판 1쇄 찍은 날 2017년 6월 7일
초판 1쇄 펴낸 날 2017년 6월 16일

지은이 박재현
발행인 한동숙
편집주간 류미정
마케팅 권순민
디자인 ALL Design Group(02-776-9862)
공급처 신화종합물류

발행처 더시드 컴퍼니
출판등록 2013년 1월 4일 제 2013-000003호
주소 서울 강서구 화곡로 68길 36 에이스에이존 11층 1112호
전화 02-2691-3111 **팩스** 02-2694-1205
전자우편 seedcoms@hanmail.net

ⓒ 박재현, 2017

ISBN 978-89-98965-12-9 03320